Erste Seite:
Am ehemaligen Exerzierplatz von Saarlouis erhebt sich die Ludwigskirche. Der Platz wird heute „Großer Markt" genannt und dient als Marktplatz. Vor der Ludwigskirche erhebt sich der Marienbrunnen aus dem Jahr 1955.

Oben:
Rings um Biesingen, einem Stadtteil von Blieskastel, weisen die Äcker mit einer rötlichen Färbung auf Buntsandstein sowie mit einer gelblich-braunen Farbe auf Muschelkalk als Gesteinsschicht hin. Die Pfarrkirche Sankt Anna wurde 1904 erbaut und stellt aufgrund ihrer exponierten Lage eine wahre Landmarke dar.

SAARLAND

*Mit Bildern von Brigitte Merz
und Texten von Michael Kühler*

INHALT SAARLAND

Seite 8/9:
Zum Römischen Freilichtmuseum Schwarzenacker bei Homburg gehört auch das „Edelhaus", das um 1725 errichtet wurde. Hier
kann man römische Funde bewundern,
doch es werden auch Gemälde von Johann
Christian von Mannlich (1741–1822) gezeigt.
Er hatte einst als Architekt das ehemalige
klassizistische Schloss Karlsberg entworfen.

Seite 12/13:
Südlich der Wilhelm-Heinrich-Brücke, die
nach dem Fürsten von Nassau-Saarbrücken
benannt wurde, ragt stolz auf dem linken
Flussufer der Saarkran in den Himmel. Wenn
in Saarbrücken das ehrgeizige Projekt „Stadt
am Fluss" realisiert wird, dann wird wohl
die Brücke mit ihren für die 1960er-Jahre
typischen Betonrampen abgerissen: Der Alte
Krahnen könnte dann wieder frei stehen und
einen Blickfang sondergleichen darstellen.

Hauptsach gudd gess – Genussreich Saarland

Im Saarland gilt der Grundsatz: Hauptsache gut gegessen – gearbeitet haben wir schnell ... Kein Wunder also, dass sich die Saarländer vor allem in Bezug auf die hohe Kunst des Kochens am Nachbarland Frankreich orientieren: Bezogen auf die Einwohnerzahl kann das Saarland mehr Sterne am Küchenhimmel aufweisen als jedes andere deutsche Bundesland. Weit über die Grenzen hinaus bekannt ist der Drei-Sterne-Koch Christian Bau in „Victor's Gourmet-Restaurant" in Perl, also im äußersten Nordwesten des Landes. Die Landeshauptstadt Saarbrücken ist gar weltweit einzigartig, denn in der Mainzer Straße finden Gourmets auf 500 Metern gleich 5 Michelin-Sterne: Das Drei-Sterne-„Gästehaus Klaus Erfort"

Das Wahrzeichen von Neuhäusel, einem Ortsteil von Kirkel, ist die Burgruine Kirkel. Das beliebte Ausflugsziel steht auf dem Schlossberg, einem Buntsandsteinfelsen. Die wechselvolle Geschichte des Bauwerks begann im 11. Jahrhundert; im 17. Jahrhundert gab es drei Zerstörungen: durch einen Großbrand und später im Französisch-Niederländischen Krieg sowie im Pfälzischen Erbfolgekrieg.

des gleichnamigen Spitzenkochs und das Zwei-Sterne-Restaurant „Le noir" von Jens Jakob. Hier werden selbst die geübtesten Genießer mehr als nur einen Abend brauchen, um sich gebührend verwöhnen zu lassen.

Im Nordosten des Landes schwingt der Ein-Sterne-Koch Alexander Kunz in seinem „Restaurant Kunz" in St. Wendel äußerst gekonnt den Kochlöffel: Wer also von Saarbrücken aus einen kulinarischen Ausflug unternehmen möchte, hat nach 40 Kilometern das Ziel seiner Wünsche und Sehnsüchte erreicht. Noch etwas näher, 30 Kilometer, ist es nach Blieskastel im Südosten des Landes. Hier hat der Ein-Sterne-Koch Cliff Hämmerle in

„Hämmerle's Restaurant Barrique" alles bestens im Griff.

Abgerundet wird dieses wahre Paradies, wie es kaum anders zu erwarten ist, im Nachbarland Frankreich. Für die Hauptstädter ist es nur ein Katzensprung nach Forbach, wo die Ein-Sterne-Köchin Isabelle Egloff zusammen mit ihrer Schwester Lydia seit einem Vierteljahrhundert die Gäste verwöhnt. Bei Sarreguemines/Saargemünd kann der Ein-Sterne-Koch Stéphan Schneider mit seinen Köstlichkeiten in der „Auberge Saint-Walfried" aufwarten. Es ist auch nicht weit in die Vogesen: Hier schaltet und waltet der Drei-Sterne-Koch Jean Georges Klein im Restaurant „L'Arnsbourg"

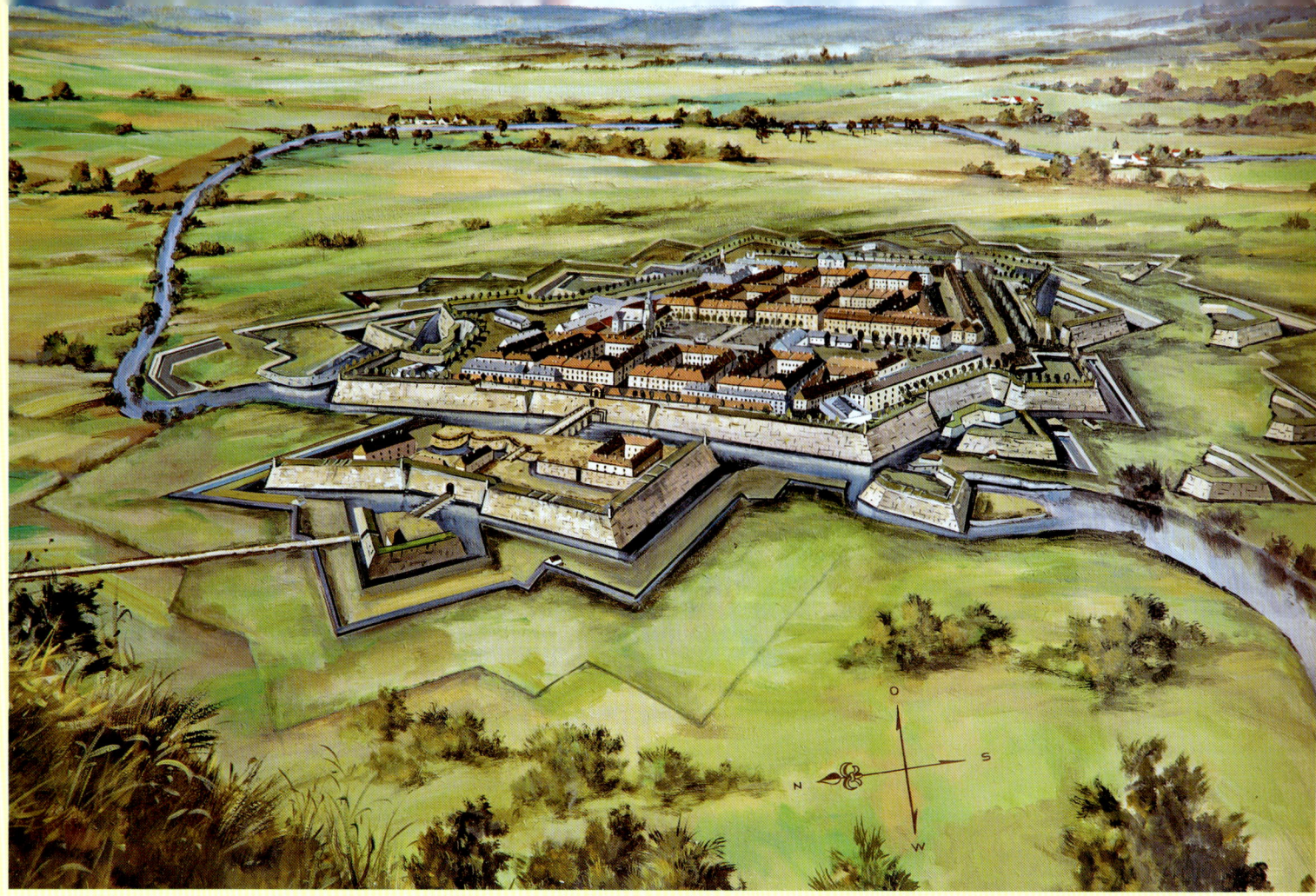

Baerenthal. So viel zum Süden – natürlich dürfen auch die Nord-Saarländer nicht zu kurz kommen: In Frisange bei Luxemburg-Stadt hat die Ein-Sterne-Köchin Lea Linster das Zepter in der Hand. Sie ist auch vielen Menschen aus dem Fernsehen wohl bekannt, wo sie nicht nur mit ihren Kochkünsten, sondern auch mit ihrer charmanten Dialekt-Färbung zu begeistern weiß.

Der Lyonerring

Doch jenseits der „geadelten" Sternerestaurants gibt es auch auf dem „flachen Land" viel zu entdecken. So zeigte sich Wolfram Siebeck, einer der bekanntesten „Vorkoster" der Nation, verwundert, wie gut und kreativ die Küche hier oder in kleinen Saarbrücker Altstadtkneipen ist. „Zum Ochsen" in St. Wendel gilt, seit 1620 durchgängig bewirtschaftet, als älteste Gaststätte des Saarlands. An den ochsenblutrot gestrichenen Wänden der Gaststube können die Gäste viele Bilder bewundern, der ehemalige Raum der Metzgerei ist immer noch gekachelt. Neben der Küche und der Gastlichkeit wird hier schon seit langem die Kleinkunst großgeschrieben – so mancher heute bekannte regionale Künstler hatte einst seinen ersten großen Auftritt im „Ochsen".

Einen „großen Auftritt" können die Gäste des Hotels „Linslerhof" in Überherrn zelebrieren. Denn nach dem „Frühaufsteher-Frühstück" steht der Shuttle zum Bahnhof bereit und bereits nach zwei Stunden erreicht man mit dem TGV die Stadt der Liebe, Paris. Hier wird man nicht nur in Sachen Kulinarik fündig, die Stadt an der Seine ist auch für den „letzten (Mode)-Schrei" bekannt. Zurück im Saarland, kann das käuflich erworbene beste Stück zum ersten Mal nach dem „Langschläfer-Frühstück", gern auch im Zimmer serviert, präsentiert werden. Hier hat Brigitte von Boch-Galhau die Zimmer liebevoll im Landhausstil eingerichtet, so dass für das passende Ambiente gesorgt ist.

Doch die Saarländer lieben nicht nur diese „hohe" oder „neue" Küche, sie sind auch sehr bodenständig. Die wohl bekannteste Spezialität ist eine Wurst, die ihren Namen von einer Stadt in Frankreich hat: die – oder saarländisch: der – Lyoner(ring). Im Saarland wird diese Fleischwurst kalt oder warm gegessen: Hauptsache Lyoner. In der Nähe des Fleischgroßmarktes von Saarbrücken wurde gar eine Straße nach ihm benannt: Am Lyonerring. Und sogar eine „Lyoner-Achse" gibt es, als Spitznamen: die Achsen Dillingen-Saarbrücken und Saarbrücken-Neunkirchen sind der größte Ballungsraum des Landes und sie haben eben diese (Wurst)-Ring-Form.

Beliebte halb oder ganz vegetarische Gerichte à la Hausmannskost sind „Geheirade" (Verheiratete), eine Kombination aus Mehlklößen und Kartoffeln in einer hellen Specksoße, oder der „Bettseichersalat": Er hat seinen Namen, in der direkten Übersetzung, aus dem Nachbarland. Denn die Hauptzutat, Löwenzahn, wird hier „pissenlit" genannt. Ein guter Schluck dazu darf nicht fehlen: Hauptsächlich im Merziger Raum und im Saargau gibt es den Viez, einen sehr beliebten Apfelwein, und etwas Seltenes für die Verdauung ist „Hundsärsch", ein Mispel-Brand.

Sauerkraut- und andere Touren

Leib- und Magenspeisen der Saarländer dienen auch in anderer Hinsicht gern als Namensgeber. So bei den „Sauerkrauttouren": Das durch Gärung haltbar gemachte Gemüse ist im Saarland ebenso beliebt wie in den Nachbarregionen Elsass und Lothringen. Unter Sportschiffern hat sich dieser Begriff für zwei Rundreisen unterschiedlicher Länge eingebürgert. Die kleine Tour führt auf ungefähr 400 Kilometern über Mosel, Saar, Saarkanal und Rhein-Marne-Kanal. Bei der großen Tour kommt man auch an Nancy vorbei.

Früher verkehrte auf der Saar hauptsächlich die Péniche, deren Abmessungen an der 1879 neu festgelegten Norm für die Schleusenabmessungen in den französischen Kanälen abgestimmt waren. Früher wurde sie getreidelt und hatte keine Aufbauten, außer einem Stall, wenn eigene Treidelpferde vorhanden waren. Auf ihr wurde unter anderem Kohle aus dem Saarland exportiert, wobei die mögliche Lademenge mindestens sieben Lastwagenfüllungen oder vier Güterwaggons entsprach. Kleinere Schiffe dieser Art, die ziemlich jedes Binnengewässer befahren können, transportieren heute noch Güter von Stettin in Polen nach Arles an der Mündung der Rhône ins Mittelmeer.

Unten:
Der sechseckige Grundriss der Stadt Saarlouis wird heute noch von der ehemaligen Vauban-Festung bestimmt. Die früheren Wassergräben wurden in die Grünanlagen der Stadt integriert.

Ganz unten links:
Das Alte Schloss in Dillingen geht wie viele andere Schlösser auch auf eine mittelalterliche Burg zurück. Die malerischen Reste der Burg können heute als „Kulisse" für eine Märchenhochzeit dienen, denn hier kann man sich auch trauen lassen.

Oben:
Diese ehemalige Panzersperre in Wahlhausen wurde im Volksmund „Höckerlinie" oder auch „Drachenzähne" genannt. Sie war Teil des Westwalls.

19

Rechts:
1992 wurde das Fördergerüst des Schachts 4 der Grube Göttelborn, nördlich von Saarbrücken bei Quierschied, eingeweiht. Er tat seine Dienste bis zur Schließung der Grube im Jahr 2000. Mit 90 Metern gilt er als höchster Förderturm der Welt.

Oben:
Diese Figur eines Eisengießers in Brebach ist nicht nur wichtig für die Geschichte des Ortes, sondern aktueller denn je. Das ehemalige Dorf wurde 1959 mit Fechingen zusammengeschlossen und 1974 zu Saarbrücken eingemeindet. Wie einst von der Halbergerhütte werden hier immer noch duktile, das heißt verformbare Rohre aus Gusseisen hergestellt.

Ein ganz anderes Schiff „transportiert", auf der Saar und auf der Mosel, eine fragilere Fracht: Kulturgut. Das Theaterschiff „Maria Helena" ist das einzig mobile seiner Art in Deutschland und geht, von seinem Stammplatz an der Alten Brücke unterhalb des Saarbrücker Schlossberges, auch auf Tournee. Dabei begeistert es die Menschen unter anderem in Frankreich, Luxemburg oder an der Untermosel. Es wurde in Straßburg als Péniche gebaut, mit Stapellauf am 11.11.1911. Nach einer wechselvollen Geschichte, inklusive Versenkung 1940 auf der Maas, diente es bis 1991 als Frachtschiff, vorwiegend in Frankreich. Beim Umbau 2006 zum Theaterschiff wurde der Laderaum zu einem Veranstaltungsraum für bis zu 120 Personen umgestaltet. Die schwimmende Bühne wird nicht nur für Theater, Konzerte und Kino, sondern auch für Ausstellungen genutzt.

Wanderwunderland

Wenn man weiß, dass der deutsche „Wanderpapst" Manuel Andrack als Wahl-Saarländer in Saarbrücken lebt, verwundert es nicht mehr, dass hier auch außergewöhnliche Wandererlebnisse „normal" sind. So bietet sich zum Wandern auch der „Urwald vor den Toren der Stadt" im Saarkohlenwald bei Saarbrücken an. Ausgangspunkt der Rundwanderung ist das Restaurant Forsthaus Neuhaus. Hier sollte man allerdings erst nach der Wanderung einkehren, sonst könnten die knapp neun Kilometer und über 200 Höhenmeter ganz schön anstrengend werden, mit dem zusätzlichen „Gepäck" im Magen. Das Projekt „Kunst am Radweg" wurde gemeinsam mit saarländischen Kunstschaffenden initiiert, um die – bisher – relativ unattraktive Radstrecke zwischen Saarbrücken und Dillingen ansprechender zu gestalten. Auch andere Sportarten werden großgeschrieben. Außergewöhnlich unter den Golfplätzen ist auf jeden Fall derjenige in St. Wendel: Hier wurde ein ehemaliges Militärgelände renaturiert und für die Sportler eingerichtet. In Güdingen befindet sich ein Übungsplatz für Golfer inmitten der Pferderennbahn. Hier ist vor dem Betreten der Anlage unbedingt auf das Warnschild mit dem Hinweis auf querende Pferde zu achten!

Molkerei-Produkte und die Führung durch die Gartenanlage des Kulturlandschaftszentrums Haus Lochfeld. Hier können alte Apfelsorten oder verschiedene Öle verkostet werden, je nach Jahreszeit. Die Rückkehr zum Hotel wird mit dem Bus abgekürzt, schließlich müssen die Kräfte geschont werden, um den Genuss am Abend nicht zu schmälern.

Besonders an Familien mit Kindern richtet sich das Angebot des Erlebniswanderwegs „Rund ums liebe Vieh". An der zwölf Kilometer langen Strecke – die auch abgekürzt werden kann – rings um den Illinger Ortsteil Hirzweiler warten Kühe, Pferde,

Das Saarland ist reich an Premiumwanderwegen; der „Panoramaweg Perl" ist einer der wenigen seiner Art, die auf deutschem und französischem Gebiet liegen. „Waldsofas" oder „Sinnesbänke" laden zum Verweilen ein. Die „Traumschleife" – mithin also ein Rundwanderweg der besonderen Art – „Weiskircher Höhen-Tour" führt auf einem ehemaligen Schmugglerpfad zwischen dem Saarland und Rheinland-Pfalz auf den knapp 695 Meter hohen Schimmelkopf, einen der höchsten Berge des Saarlands, im Hunsrück gelegen. Wer beim Wandern lieber Genießen als Kalorien zählen möchte, ist auf dem „Hüttenwanderweg" bei Oberwürzbach richtig – Deftiges wartet hier ebenso auf die Hungrigen wie Süßes für Naschkatzen.

Auch das Hotel „Annahof" am Niederwürzbacher Weiher bei Blieskastel hat sich etwas einfallen lassen, damit der Appetit schon vor dem abendlichen Menü kommt. Bei einer ungefähr zwölf Kilometer langen kulinarischen Wanderung gibt es unterwegs eine Honig-Verkostung, den Besuch eines Bioland-Hofs mit dem Probieren verschiedener

Schafe, Ziegen und Hühner auf den Besuch. An verschiedenen Stationen erfahren Groß und Klein alles Wissenswerte zu den am Weg liegenden Höfen, den Tieren sowie zu landwirtschaftlichen Techniken und Produkten. Bei der „Dorf- und Schaukäserei Hirztaler" kann man sogar, nach Voranmeldung, selbst Käse herstellen.

Heiter bis bewölkt

So manchen „Käse" verzapfen Kabarettisten, wenn sie die saarländische Mentalität auf die Schippe nehmen. Ein Meister seines Fachs ist der „französische" Bistrowirt Jacques, bestens bekannt von der Bühne und vom Fernsehen. Man sieht ihn kaum ohne Baskenmütze, man hört ihm den französischen Akzent sofort an. Doch Detlev Schönauer, so sein bürgerlicher Name, stammt aus Mainz, also aus saarländischer Sicht aus der Pfalz – wenn man den Rhein außer Acht lässt. Vor drei Jahrzehnten kam er zufällig ins Saarland und ist geblieben.

Ebenfalls beim Publikum beliebt, und zwar alle Jahre wieder, ist die „Familie Heinz Becker". In

schöner Regelmäßigkeit wird die Weihnachtsfolge in den dritten Programmen wiederholt, in der jedes Mal der Weihnachtsbaum so gekonnt umfällt. Bei Heinz Becker alias Gerd Dudenhöffer ist die „Batschkapp", eine Schiebermütze, das untrügliche Erkennungszeichen. Sie passt perfekt zu seinem Image als ewigem Nörgler, eher dilettantischem Heimwerker, Vereinsmeier und Besserwisser – kurz ein „Spießer", wie er im Buche steht. Von seiner Ex-Partnerin Alice Hoffmann, „dat" Hilde, gibt es auch schon einen dialektgefärbten Silvester-Dauerbrenner „Dinner for one".

Das ist insofern verwunderlich, als die Schauspielerin erst im Alter von 14 Jahren aus der Gegend um Köln ins Saarland kam und hier den Dialekt so perfekt gelernt hat. Seit längerer Zeit ist sie als „Vanessa Backes" in der Fernsehserie „Schreinerei Fleischmann" zu sehen, wobei sie das Herz nicht nur auf dem rechten Fleck hat, sondern auch auf der Zunge trägt. Sie trat schon als Sekretärin des

Kommissars „Palü" im „Tatort Saarbrücken" auf und auch seinem Nachfolger „Kappl" stand sie treu zur Seite. Mit ihrer grenzenlosen Neugier trug sie in der Rolle der „Frau Braun", auch „Madame Maigret" genannt, hin und wieder zur Lösung eines Falls bei. Es war auch kriminalistischer Spürsinn gefragt, als es darum ging, ob „Vanessa Backes" nach ihrem Ausscheiden aus der Serie „Heinz Becker" in ihrem Soloprogramm zu oft Anleihen bei ihrem „Ex" nehmen würde. Gerhard Bungert, früher Ehemann und später Autor von Alice Hoffmann, konnte sich gegen Gerd Dudenhöffer durchsetzen und gilt heute als Miterfinder der Figur „Heinz Becker".

Ein weiterer Mitstreiter aus frühen Tagen ist Charly Lehnert, der gerne als „Berufssaarländer" bezeichnet wird. Er wurde in Dudweiler, ehemals größtes Dorf Europas, danach Stadt und heute Saarbrücker Stadtteil, geboren und heute zählen seine Bücher zu den auflagenstärksten auf dem saarländischen Buchmarkt.

Hochherrschaftliche Industriebarone – und „gute Kumpel"

Auch früher gab es schon „Gastarbeiter" im Saarland: Die „Kumpel" im Kohlebergbau und in den Hütten kamen allerdings nicht aus südlichen Gefilden, sondern aus Orten, von denen sie zu Beginn der Woche zu Fuß zu ihren Arbeitsstellen kommen konnten. Das waren oft – für die heutige Zeit unvorstellbar – weite Fußmärsche und da sich mit der Zeit eine harte Hornhaut an den Füßen ge-

bildet hatte, wurden sie im Schwarzwälder Hochwald „Hartfüßer" genannt. Doch sie wurden auch als „Saargänger" oder „Ranzenmänner" bezeichnet. Vor allem in der Anfangszeit wurden sie in Massenunterkünften untergebracht, den sogenannten „Schlafhäusern". Ein Knappschaftsarzt berichtete 1865 von den ungenügenden hygienischen Bedingungen. Nach seiner Beobachtung waren Strohsäcke – als Vorläufer von Matratzen – sechs bis acht Jahre in Gebrauch, ohne jemals gereinigt worden zu sein.

Obwohl die Handtücher aufgrund der großen Menge an Schmutz bereits nach zwei bis drei Tagen nicht mehr erkennen ließen, was sie einst waren und sein sollten, wurden sie nur einmal in der Woche gewechselt. Man kann heute noch eines der früheren Schlafhäuser im Ort Von der Heydt besichtigen, und zwar zu den Öffnungszeiten der Behörde. Denn hier ist jetzt das Katasteramt untergebracht.

Unter diesen schwierigen Bedingungen ist es kein Wunder, dass im Saarland 1892 mit dem „Rechtsschutzsaal" in Friedrichsthal-Bildstock das erste Gewerkschaftsgebäude Deutschlands entstand. Ein großer Fortschritt waren die Bergwerkssiedlungen, auch wenn hier die Wohnhäuser, nach sozialer Hierarchie gestaffelt, von oben nach unten eine geringere „Wohnqualität" aufwiesen. Am oberen Ende standen Direktoren-Villen, und einer von diesen schaffte es ganz hoch hinaus: der „Schlotbaron". Ein Sprössling der Montanunternehmerfamilie Stumm, Karl Ferdinand, erwarb das Schloss Halberg in Saarbrücken, heute der Sitz des Saarländischen Rundfunks und eines beliebten Restaurants. Er erhielt einen Titel und wurde geadelt – und wie in diesen Kreisen damals üblich – fügte er auch den Namen seines noblen Wohnsitzes hinzu: Freiherr von Stumm-Halberg.

Lebenslustige Fürsten und frommes Gebet

So manches Vorbild mögen sich die Industriebarone bei den früheren Fürsten und Landesherren und deren Prachtentfaltung genommen haben. So hatte natürlich auch das bedeutendste und in seiner Gesamtheit weithin einzigartige Barockensem-

ble des Saarlands, Blieskastel, adelige Bauherren. Die Reichsfreiherren Von der Leyen hatten ihre Residenz von Koblenz hierher verlegt und behielten sie bis zu ihrer Vertreibung während der Französischen Revolution bei. Die „große Reichsgräfin" Marianne ließ ein wichtiges Kulturzentrum errichten, dessen Ensemble in Alt-Blieskastel immer noch 133 Einzeldenkmale sowie 65 weitere unter Ensembleschutz stehende Gebäude umfasst.

Und Kunstinteressierte finden am Fuß des Schwarzwälder Hochwalds, bei Nunkirchen, eines der am besten erhaltenen Barockschlösser des Saarlands: Schloss Münchweiler. Es beherbergt heute ein Hotel und ein Café. Die Gebäude befinden sich im Besitz eines Nachfahren des Erbauers: Freiherr Emmerich Carl Josef Zandt von Merl zu Weiskirchen ließ es Mitte des 18. Jahrhunderts errichten.

Andernorts im heutigen Saarland ging es auch gern einmal hoch her. So verbrachte die Gemahlin Herzogs Carl II. August von Pfalz-Zweibrücken, Her-

Oben:
Das Europadenkmal in Überherrn-Berus ist drei großen Europäern gewidmet: dem „europäischen" Staatsmann Robert Schuman (1886–1963), dem ersten deutschen Bundeskanzler Konrad Adenauer (1876–1967) und dem italienischen Staatsmann Alcide De Gasperi (1881–1954).

zogin Maria Amalie (1757–1831), einen großen Teil ihres Lebens in ihrer kleinen Fasanerie bei Homburg. Und sie musste es erdulden, dass ihre Oberhofmeisterin – die die Aufsicht über das weibliche Personal bei Hofe und über das stattfindende Zeremoniell innehatte – ausgerechnet die Baronin von Esebeck war. Eigentlich sollte dieses Amt mit Witwen untadeliger Abstammung besetzt werden – in diesem Fall war es aber ausgerechnet die Mätresse des Herzogs, ihres Gemahls also! Die Fürsten von Nassau-Saarbrücken, der Vater wie der Sohn, ließen es sich gut gehen. Von ihnen stammt nicht nur die Ludwigskirche in Saarbrücken – direkt gegenüber von der Kirche gab es ein Palais für die Mätresse, die geadelt wurde, um sich mit ihr zeigen zu können.

„Saarvoir vivre" – französische Lebensart im Saarland

Äußerst vorzeigbar ist auch die einzige Weinbaugemeinde des Saarlands, Perl am Dreiländereck Deutschland-Frankreich-Luxemburg. Saarländischer Wein wird also nicht an der Saar, sondern nur an der Mosel angebaut. Perl gilt als am dünnsten besiedelte Gemeinde des Landes und gleichzeitig als wärmster Ort Deutschlands. Namhafte saarländische Winzer sind mit ihren Erzeugnissen in der Vinothek „Alte Maimühle" vertreten: Das dazugehörige Restaurant kann nicht nur mit einer guten Küche aufwarten, sondern auch mit einer zweisprachigen Karte. Allerdings nicht etwa Deutsch und Französisch, wie es die Grenzlage erwarten ließe, sondern Saarländisch und Hochdeutsch!

Auf eine reiche Geschichte blickt das Hotel „Altes Pfarrhaus Beaumarais" bei Saarlouis zurück. Der Barockbau war einst Teil eines Schlosses und diente später, wie der Name schon sagt, als Pfarrhaus. Französische Küche, das Flair der 1920er-Jahre oder ein romantischer Innenhof mit wildem Wein lassen die Herzen der Gäste höher schlagen. Ebenfalls eine Institution ist das Gasthaus „School Kättchen" in Weierweiler. In früheren Zeiten mussten die saarländischen Kinder im Sommer bei der Arbeit auf den Feldern helfen. Im Winter kam der

Lehrer ins Dorf, um sie jedes Jahr in einem Bauernhaus zu unterrichten. Das Haus der Katharina, saarländisch „Kättche", bot genügend Platz. Bekocht hat sie nicht nur die Kinder und den Lehrer, sondern sonntags auch den Pfarrer. Aus dem für die Gegend typischen Lothringerhaus ist nach einer liebevollen Restaurierung ein gemütliches Gasthaus mit guter Küche geworden.

Die älteste Brauerei des Landes findet man in Saarbrücken: Das Gasthaus „Zum Stiefel" ist in einem Haus aus der Barockzeit untergebracht, und hier kann man zwischen blankgewienerten kupfernen Kesseln Köstlichkeiten aus Küche und Keller genießen. Einen ganz anderen Hintergrund hat das Restaurant „Platform 11 3/4", denn hier wurde der Alte Bahnhof von Völklingen zu einer gastlichen Stätte umgebaut. Dabei bietet sich von der großen Terrasse ein schöner Blick auf das Weltkulturerbe der Völklinger Hütte. Auch das Restaurant „Villa Fayence" in Wallerfangen hat – allerdings im weiteren Sinne – mit der Industriegeschichte des Saarlands zu tun, denn diese Villa ließ sich Familie von Boch 1835 als Wohnsitz erbauen. Das Haus ver-

Ophüls-Festivals geht es hier aber zu wie im Taubenschlag, denn das Haus gilt als Zentrale und Treffpunkt für junge Regisseure, Produzenten, Schauspieler und Filmenthusiasten. Ophüls, 1902 als Max Oppenheimer im heutigen Saarbrücker Stadtteil St. Johann geboren, gilt als bedeutender deutsch-französischer Film-, Theater- und Hörspielregisseur. Er entstammte einer bekannten jüdischen Textilkaufmannsfamilie mit mehreren Bekleidungskaufhäusern in Deutschland. Nach Stationen in Breslau und Berlin siedelte er 1933

Links:
Eher beschaulichen Freizeitspaß bietet die Nied wie hier bei Niedaltdorf: Paddler haben kaum Gegenströmung zu erwarten.

Links unten:
Auch bunte Wiesenblumen mit ebensolchen Schmetterlingen locken die Naturfreunde an.

Unten:
Die Gegend rings um Tholey war in der Jungsteinzeit, also in der Zeit ab 4500 v. Chr., noch mit einem dichten Urwald aus Ulmen, Eschen, Linden und Eichen bewachsen. Von den letztgenannten sind heute zwei als Naturdenkmal ausgewiesen.

fügt heute über drei Zimmer und eine Suite – nach dem Tafeln ist also für die geruhsame Nachtruhe gesorgt.

Die Fassade des Hotels „Domicil Leidinger" in Saarbrücken wurde von Balthasar Stengel, dem Sohn des berühmten Barockbaumeisters, gestaltet und zeigt sich spätbarock-klassizistisch. Im Innenhof gibt es einen Zengarten und die Feng-Shui-Zimmer verströmen fernöstliche Ausgeglichenheit. Während des alljährlich stattfindenden Max-

nach Paris über und floh von dort nach Amerika. Sein Grab findet man auf dem Pariser Prominenten-Friedhof Père Lachaise und auch sein Geburtshaus ist noch erhalten: in der Saarbrücker Försterstraße, im Nauwieser Viertel.

Von der Pfalz
bis Frankreich –
der Süden

Haupt-, Dreh- und Angelpunkt nicht nur des Südens, sondern des ganzen Saarlands ist die Landeshauptstadt Saarbrücken. Es ist gerade einmal gut hundert Jahre her, dass die Stadt durch den Zusammenschluss von Alt-Saarbrücken, St. Johann und Malstatt-Burbach zur Großstadt wurde. Dabei kam es zu einem Streit über den zu wählenden Stadtnamen – dass dieser jedoch zu einem Pistolenduell der Bürgermeister geführt habe, ist ein Gerücht. Mit der Rückführung des damaligen „Saargebietes" von Frankreich nach Deutschland 1957 konnte dann der Aufstieg Saarbrückens zur Landeshauptstadt beginnen. 1974 kam es zu Eingemeindungen und fast zur Verdoppelung der Einwohnerzahl: Mit der Verei-

nigung der bis dahin kreisfreien Stadt mit dem Landkreis Saarbrücken zum „Stadtverband Saarbrücken" entstand erstmals in Deutschland ein „Kommunalverband besonderer Art", der einem Landkreis vergleichbar ist.

„Besonders" dürfen sich die „Saarbrigger" immer noch fühlen, schließlich ist ihre Stadt die einzige Großstadt des Saarlands. Hier blühen Kunst und Kultur, hier gibt es eine lebhafte Kneipenszene mit „Sehen-und-Gesehen-Werden", hier kann man Shoppen, bis der Arzt kommt … Doch das läuft beileibe nicht so anonym ab, wie man sich das in anderen Großstädten vorstellen mag: Der St. Johanner Markt – und nicht etwa ein Platz in Alt-

Saarbrücken – ist die „Gute Stube", in der jeder jeden zu kennen scheint. Hierher kommen auch Franzosen mal kurz über die Grenze, die am Stadtrand liegt. Und sie werden herzlich willkommen geheißen, denn hier spricht man nicht nur „Saarbrigger Platt" und Deutsch (als „erste Fremdsprache", sozusagen) – der Französisch-Unterricht wird in den Schulen besonders gefördert.

Reichtum an Geschichte

Auch die Gegenbesuche in Frankreich lassen nicht lange auf sich warten, denn wenn man mit der Straßenbahn zum Essen ins Nachbarland fährt, kann man auch das eine oder andere Viertel Wein genießen. Andere Naherholungsgebiete sind der

„Urwald vor den Toren der Stadt" oder das Biosphärenreservat Bliesgau. Als weithin einzigartig gelten die Schlossberghöhlen von Homburg und zum Besuch von Ausstellungen oder Konzerten in der „Völklinger Hütte" ist es nur ein Katzensprung. Doch im Süden des Saarlands ist neben dem Reichtum an Geschichte wie im Europäischen Kulturpark Bliesbruck-Reinheim, hüben und drüben der deutsch-französischen Grenze, auch die Zukunft zu Hause: Die „Saarterrassen" in Saarbrücken zeigen beispielhaft den erfolgreichen Strukturwandel vom Industrierevier zum hochmodernen Dienstleistungszentrum.

Früher ging die Grenze zwischen Bayern und Preußen mitten durch das heutige Saarland. So wird ein Neunkircher Stadtteil mitunter auch „Preußisch Kohlhof" genannt, während „Bayerisch Kohlhof" nicht mehr zum Landkreis Neunkirchen, sondern zum benachbarten Saar-Pfalz-Kreis zählt. Unweit davon entstand 1849 der erste Bahnhof des heutigen Bundeslandes – Bexbach war damals ein Grenzort zwischen Bayern und Preußen. Ein Stadtteil Neunkirchens erhielt 1884 als Ausdruck der loyalen Gesinnung der Bewohner den Namen Ludwigsthal: Namensgeber war der „Märchenkönig" Ludwig II. für diesen bayerischen Ort nahe der preußischen Grenze.

Das Saarland und die Pfalz – Gott erhalt's

„Umwerfend witzig und provozierend – das Buch des Jahres" – so wird ein Buch in dunkelrotem Leinenumschlag angepriesen, mit dem verlockenden Titel: „Alles was der Saarländer über die Pfalz wissen muss". Schlägt man den Band auf, so erfährt man viel Neues. Voraussetzung ist allerdings eine lebhafte Fantasie, denn die Seiten sind leer … Ein Notizbuch mit lauter Blanko-Seiten, weder liniert noch kariert. Hier kann man Strich-Männchen hineinmalen oder selbst gesammelte Witze über die Pfälzer notieren, ganz ohne reglementierende Vorgaben. So sieht also die gute Nachbarschaft

Unten rechts:
Am Alten Bahnhof von Völklingen, 1893/1894 erbaut und unter Denkmalschutz stehend, ist das Restaurant „Platform 11 3/4" heute eine Institution, bei der die Gäste nicht zuletzt von der offenen Show-Küche begeistert sind. Seit 2011 gibt es auch ein „Café 11 3/4".

Oben:
Die ehemals historistische, neugotische Liebfrauenkirche in Püttlingen wurde 1954 von den Kölner Kirchenbaumeistern Dominikus und Gottfried Böhm grundlegend umgebaut und erweitert. Originell ist dabei der baldachinartige Überbau im Mittelschiff.

Rechts:
Das Saarländische Staatstheater wurde Ende der 1930er-Jahre in Saarbrücken direkt an der Saar im neoklassizistischen Stil errichtet. Neben Aufführungen von Oper, Operette, Musical, Schauspiel und Ballett gibt es hier auch Gastspiele.

tert. Doch das Saarland ist nicht nur das kleinste deutsche Flächen-Bundesland, hier liegen auch die Verwaltungskosten pro Kopf der Bevölkerung eher unter dem Bundesdurchschnitt. Befürworter der Eigenständigkeit führen auch ins Feld, dass die Einsparung einer Landeshauptstadt für Wirtschaftsunternehmen längere Wege bei Verwaltungsangelegenheiten bedeute – und darauf kommt es schließlich an.

Berücksichtigt man zusätzlich die wechselvolle Geschichte, in der Teile des heutigen Bundeslandes mal zu Bayern, mal zu Preußen und dann gar zu Frankreich gehörten, dann wird klar, warum den Saarländern heute noch mehr Zugehörigkeitsgefühl zu ihrer Heimat nachgesagt wird als – man höre und staune – den Bayern. Eine weitere „Grenze" kann man noch zwischen dem Süden und dem Norden des Saarlands ausmachen: Sie betrifft allerdings nur die – von Ort zu Ort unterschiedlichen – Dialekte, denn im Süden wird Rheinfränkisch, im Norden hingegen Moselfränkisch gesprochen.

aus, speziell zwischen dem Süden des Saarlands und der ehemals bayerischen Pfalz. Zur Ehrenrettung sei gesagt: Es gibt dasselbe Buch in der Gegenrichtung, da können die Pfälzer ihren Gedanken über die Saarländer freien Lauf lassen.

Da die beiden Bände keine Vorgaben darüber machen, wer was über wen zu denken hat, wird es mit einer immer wieder gern diskutierten Fusion der Bundesländer Saarland und Rheinland-Pfalz so schnell nichts werden. Beide gelten als „Braut ohne Mitgift", was die Eheanbahnung nicht erleich-

Oben:
Die Alte-Brauerei-Straße im Herzen von Saarlouis macht ihrem Namen alle Ehre: Hier reiht sich eine Kneipe an das nächste Restaurant und mittendrin gibt's einen Rock-Club.

Links:
Blieskastel liegt direkt an der französischen Grenze und scheint sich sehr am Nachbarland zu orientieren, wie der Schnitt der Bäume andeutet. Das Rathaus wurde in den 1770er-Jahren als Waisenhaus erbaut, diente aber auch von Anfang an administrativen Zwecken.

Seite 34/35:
Ein vergoldeter Adler mit gespreizten Schwingen sitzt an der Auslegerspitze des Saarkrans in Saarbrücken. Bauherr war die 1760 gegründete „Krahnengesellschaft", die über fürstliche Privilegien und das alleinige Nutzungsrecht verfügte.

Kleine Bilder links:
Von Friedrich Joachim Stengel
stammt unter anderem das
Alte Rathaus beim Schloss

Saarbrücken aus dem Jahr 1750.
Hier sorgen ein Café mit seiner
Terrassenbestuhlung für
Entspannung und ein Brunnen
für Abkühlung und Erfrischung.

Unten:

Der Vorhof des Saarbrücker Schlosses ist auf den ersten Blick unspektakulär. Allerdings trägt er seit 1993 den Namen „Platz des Unsichtbaren Mahnmals". Denn zu Beginn der 1990er-Jahre begannen der Kunstprofessor Jochen Gerz und mehrere Studenten, zunächst heimlich, in die Pflastersteine des Schlossplatzes Namen jüdischer Friedhöfe einzumeißeln und diese Steine anschließend, mit der Schrift nach unten, wieder einzufügen. Sie wählten diesen Platz, weil hier während der Zeit des Nationalsozialismus eine Leitstelle der Gestapo war. Mit dem Mahnmal soll die Verdrängung der Geschichte symbolisiert werden.

Oben:
Vom Schloss bietet sich
ein schöner Blick über die
Saar auf St. Johann, das
geschäftige Zentrum Saar-
brückens. Dabei fällt auch
die „Stadtplanung" früherer
Zeiten mit der Stadtautobahn
besonders ins Auge.

Rechts:
Die Alte Brücke in Saar-
brücken gilt als älteste
erhaltene im Saarland und
verbindet – allerdings nur für
Fußgänger und Radfahrer –
(Alt-)Saarbrücken mit der
heutigen Innenstadt
St. Johann. Im Hintergrund
ist das Landtagsgebäude
zu sehen, das 1866 für die
Casino-Gesellschaft errichtet
wurde.

Links:
Über die Alte Brücke geht der Blick zur Saarbrücker Schlosskirche. Sie ist Teil des Saarlandmuseums und spezialisiert auf sakrale Kunst vom Mittelalter bis zum 19. Jahrhundert. Sehenswert sind unter anderem die farbenprächtigen Fenster von Georg Meistermann und die barocken Fürstengrabmäler.

Unten:
Das Saarbrücker Musikschiff „Piraterie" – im Hintergrund das Staatstheater – begeistert seine Gäste nicht nur mit Musik von Rock über Metal bis Mittelalter. Auch bei der Inneneinrichtung ist der Name Programm: Totenköpfe allüberall – und ungewöhnliche Tischfüße in Form von kaputten Wagenrädern …

Barocke Baukunst –
ABSOLUT BESCHWINGT

Oben:
Von protestantischer Strenge ist hier nichts zu spüren: Die barocke Ludwigskirche in Saarbrücken weiß auch im Inneren mit runden Formen und viel Schnörkelwerk zu überzeugen. Ungewöhnlich ist auch, dass es sich um eine Breitsaalkirche mit einem Kanzelaltar handelt.

Rechts:
Friedrich Joachim Stengel entwarf und plante den Ludwigsplatz nebst Ludwigskirche bis hin zum kleinsten Detail eines Türknaufs. Hinter dieser hochherrschaftlichen Tür am Ludwigsplatz residierte der langjährige Ministerpräsident des Saarlands, Franz Josef Röder, von 1959 bis 1979.

Die Saarbrücker Ludwigskirche gilt neben der Dresdner Frauenkirche und dem Hamburger „Michel" als einer der bedeutendsten evangelischen barocken Kirchenbauten Deutschlands – ein Phänomen auch deshalb, weil barocker Prunk eher selten protestantische Kirchen schmückt. Fürst Wilhelm Heinrich von Nassau-Saarbrücken ließ sie und den umgebenden Ludwigsplatz als Gesamtkunstwerk im Sinne einer barocken „place royale", eines königlichen Platzes, errichten. Die Arbeiten wurden jedoch nach seinem Tod aus

16 - 17

Geldmangel eingestellt und später unter seinem Sohn Ludwig, nach dem Kirche und Platz benannt wurden, 1775 fertig gestellt.

Dieses heutige Wahrzeichen Saarbrückens wurde von dem aus dem anhaltinischen Zerbst stammenden Friedrich Joachim Michael Stengel (1694–1787) geschaffen. Von ihm stammen in der Stadt auch der Neubau des Schlosses (1738), die Friedenskirche (1743), das neue Rathaus und das Erbprinzenpalais (1748), die Kirche St. Johann (1754) sowie der Alte Saarkran (1762). Daneben baute er im Saarland zahlreiche Lustschlösser, Pfarr- und Forsthäuser sowie kleinere Kirchen. Während der jüngere seiner beiden Söhne einer seiner Nachfolger als Baumeister in Saarbrücken wurde, ernannte die wie der Vater aus Zerbst stammende russische Zarin Katharina II. den Älteren 1775 zu ihrem Hofarchitekten.

Während also über die Stengels viel bekannt ist, tappt die Forschung über den Kollegen im Norden des Saarlands im Dunkeln: Christian Kretzschmar. Der Baumeister stammte aus Sachsen, doch über seinen Geburtsort und sein Geburtsdatum ist nichts bekannt. Nach den bisherigen

Erkenntnissen ist das ehemalige Abteigebäude in Mettlach, der heutige Firmensitz von Villeroy & Boch, sein erstes – und auch gleich sehr großes – Werk. Das brachte ihm ein gerüttelt Maß an Neid und Eifersucht seiner ortsansässigen Zunft ein.

So beschwerte sich die Trierer Steinmetzzunft 1739 beim dortigen Bürgermeister über den „Fremden", der ihnen Lohn und Brot wegnehme. Da sie dort kein Gehör fanden, legten sie sogar Beschwerde beim Kurfürsten ein – wohl auch vergeblich, denn die hohen Herren schätzten höchstselbst den Beklagten auch für den Bau ihrer eigenen Paläste. Kretzschmar werden auch verschiedene Barockbauten in Merzig zugeschrieben wie das Halfenhaus (eine ehemalige Hafenkneipe), das Staadt-Marxsche Bürgerhaus (heute Sitz des Tourismusbüros), das Hilbringer Schlösschen, der Abteihof Besseringen sowie sein ehemaliges Wohnhaus in der Trierer Straße.

Vom Pomp zum „Privatissimum"

Was sich einst nicht im Saarbrücker Schloss, sondern in einem adeligen Palais befand, hat seinen Weg über ein Museum in Krefeld wieder zurück ins Saarland gefunden: das „Grüne Kabinett". Nach einigen Jahrzehnten zur Schau getragenen Pomps und Protzes wollten sich viele Herrscher doch auch einmal ins Private zurückziehen. Dazu wurde im Palais oder Schloss ein kleiner, intimer Raum eingerichtet, in den man sich zum vertraulichen Gespräch zurückziehen konnte. Besonders interessant beim Grünen Kabinett sind Ornamente, die Industriezweige zeigen: Hier wirkt die barocke Zurschaustellung von Eisenindustrie, Glasbläserei, Großhandel mit Schifffahrt oder Baukunst konträr zum sonstigen fast schon klassizistisch strengen Gehabe der Raumgestaltung.

Links:
Das Nauwieser Viertel gilt als hippster Stadtteil von Saarbrücken – und das obwohl (oder weil) sich hier auch das Rathaus der Landeshauptstadt befindet. Eine vielfältige Kneipenszene prägt das Bild ebenso wie hochherrschaftliche Gründerzeitbauten. Der deutsche „Wanderpapst" Manuel Andrack, der nebenan in der „Bruchwiese" wohnt, nennt es das „Einerseits-Andererseits-Viertel".

Ganz oben:
Georg von Hauberrisser konnte erstklassige Referenzen vorweisen, als es darum ging, ob er in den 1890er-Jahren das neugotische Rathaus von St. Johann planen sollte – schließlich stammen von ihm die Rathäuser in München und Wiesbaden.

Oben:
Alles – oder wenigstens fast alles – was das Herz, der Gaumen und der Magen an Köstlichkeiten in punkto frischem Obst und Gemüse begehren, findet man auf dem Wochenmarkt von St. Johann in Saarbrücken.

Links:
Auch im Biergarten am Staden wird Gerstensaft von der ältesten Brauerei des Saarlands ausgeschenkt: Bruch. 1702 gegründet, befindet sie sich noch heute in Familienbesitz.

Seite 46/47:
Mitten auf dem St. Johanner Markt beherrscht der von Stengel entworfene Marktbrunnen das Geschehen. Heute ist es kaum mehr vorstellbar, dass hier einmal der Verkehr toste.

Ganz oben:
Daniel Bruch hatte an dieser Stelle eine Brauerei und der Schuster Nickel Kiefer kurz vorher direkt nebenan ein Gasthaus namens „Zum Stiefel" eröffnet. Der Brauer verliebte sich in des Schusters Töchterlein – und seit neun Generationen gibt es nun die Brau- und Gasthaus-Tradition am St. Johanner Markt.

Oben:
Einer der bekanntesten und beliebtesten Biergärten der saarländischen Landeshauptstadt ist derjenige am Staden.

Rechte Seite:
Das Saarland gehörte einst teilweise zu Preußen. Das wird auch in Bischmisheim deutlich, heute ein Stadtteil von Saarbrücken. Denn hier errichtete 1822 bis 1824 Karl Friedrich Schinkel (1781–1841) dieses klassizistische Oktogon als evangelische Kirche.

Blick auf Merkingen, heute ein Stadtteil von Saarbrücken. Der Heilige Arnual war in den Jahren 601 bis 609 Bischof von Metz. Er gilt als Gründer des Stiftes in der Ortschaft Merkingen, die später in St. Arnual umbenannt wurde und heute ein Stadtteil von Saarbrücken ist. Das Dorf Merkingen soll er der Überlieferung nach vom Merowingerkönig Theudebert II. als Geschenk erhalten haben.

Der Heilige Arnual soll auch in der nach ihm benannten Kirche bestattet sein. Hier zeigten Ausgrabungen in der Zeit von 1989 bis 1995 eine bedeutende merowingische Grabstätte in der Vierung der Kirche, auf die die anderen Gräber der Zeit ausgerichtet sind.

Unten:
Carl Ferdinand Stumm, ein bedeutender saarländischer Industriebaron, ließ im 19. Jahrhundert hoch über Saarbrücken das neugotische Schloss Halberg errichten. Im Vorgängerbau hatte Fürstin Wilhelmine, deren Ehe mit Fürst Ludwig von Nassau-Saarbrücken zerrüttet war, ihren Sohn erzogen. Das Schloss beherbergt heute den Saarländischen Rundfunk sowie ein bekanntes Restaurant.

Links:
Der Blick vom Eschberg richtet sich auf das historische Zentrum von Saarbrücken. Markant fällt dabei das gelbe Bühnenhaus des Staatstheaters ins Auge.

Oben:
Aus vorchristlicher Zeit stammt die Mithrasgrotte auf dem Saarbrücker Halberg. Sie war einst Kultstätte der hier ansässigen Galloromanen oder der römischen Soldaten der nahegelegenen Garnison.

Linker und rechter Hand –
DIE FÜRSTEN VON NASSAU-SAARBRÜCKEN

Kleine Bilder, von links nach rechts:

Fürstin Sophie von Nassau-Saarbrücken war die Gemahlin von Fürst Wilhelm Heinrich und die Mutter des Thronfolgers Ludwig. Auf das Grabmal für ihren Gemahl in der Schlosskirche ließ sie auf Latein einmeißeln: „Die trauernde Gattin, die ihn überlebte, die Durchlauchtigste Fürstin und Herrin, Sophie Charlotte Erdmute, Fürstin zu Nassau, geborene Gräfin zu Erbach, ließ dieses Denkmal errichten, als das gemeinsame Los, die Asche erwartend."

Die Ehe von Fürstin Wilhelmine von Nassau-Saarbrücken mit dem Regenten Ludwig galt als besonders unglücklich. Das lag nicht zuletzt daran, dass ihr Gemahl Umgang mit wechselnden Mätressen pflegte. Sie zog sich auf Schloss Halberg zurück.

Auf Fürst Wilhelm Heinrich von Nassau-Saarbrücken (1718–1768) geht maßgeblich der Ausbau der Stadt zur prachtvollen barocken Residenz zurück. Die rege Bautätigkeit verursachte allerdings auch einen riesigen Schuldenberg, an dem sein Sohn und Nachfolger Ludwig noch lange zu tragen hatte.

Fürst Ludwig von Nassau-Saarbrücken (1745–1794) war – bis zur Französischen Revolution – der letzte Fürst dieser Dynastie.

Im Zeitalter des Absolutismus war Versailles das große Vorbild. Die französischen Könige erhoben ihre Geliebten mit dem Titel „Maitresse en titre" in den Stand einer Hofbeamtin: Die Königin musste diesen Status anerkennen. Auch die deutschen Fürsten wie diejenigen von Saarbrücken machten sich dieses moralische Vorbild gern zu Eigen: Sie gingen davon aus, mit der offiziellen Eheschließung ihre dynastische Pflicht erfüllt zu haben und nahmen sich das Recht heraus, mit der Mätresse auch an sich selbst zu denken. Manche ehelichten die Lebensabschnittsgefährtin, wie man heute sagen würde, „zur linken Hand": Das war nicht standesgemäß und damit waren die – teils reichlich gezeugten – Kinder nicht erbberechtigt.

Von der „Gänsegretel" zur Fürstin

Einer trieb es gar auf die Spitze: Fürst Ludwig von Nassau-Saarbrücken heiratete Reichsgräfin Katharina von Ottweiler, ehemals besser bekannt als „Gänsegretel", „zur rechten Hand". Wenige Tage später wurde sie zur neuen Fürstin von Nassau-Saarbrücken ausgerufen. Damit hatte erstmals ein deutscher Reichsfürst seine ehemals leibeigene, bürgerliche Geliebte „offiziell" geheiratet und als gleichwertig und ebenbürtig anerkannt. Dieses

Glück sollte nicht von langer Dauer sein. Denn die nassauischen Verwandten liefen dagegen Sturm, bis Ludwig die Proklamation Katharinas als Fürstin von Nassau-Saarbrücken zurücknahm.

Für kurze Zeit in Ludwigs Diensten stand der berühmte Schauspieler, Schriftsteller und Dramaturg August Wilhelm Iffland (1759–1814). Da der Fürst gleichermaßen theaterbegeistert war wie Katharina, gab er ihm den Auftrag zu einem Stück, mit dem die Legitimation der „Ehe zur rechten Hand" gefestigt werden sollte. Bei „Luassan" – die Spiegelung von „NassauL (L wie Ludwig)" – wurde nach der Ansicht eines Zeitgenossen aus einer „handfesten Bettgeschichte zwischen Fürst und Maitresse" doch eine „zarte Minne". Die Heldin „Kassuenda" (Katharina + Nassau) ziert sich zwar anfangs ein wenig, willigt aber dann doch in die Heirat ein und verspricht, Fürsprecherin aller Armen und Bedrückten zu werden.

Von der Zeit Katharinas als Witwe in Mannheim, also im Ausland, wird berichtet, dass sie bei festlichen Anlässen immer pomphaft gekleidet und nie ohne reichen Brillantschmuck erschien und bei Konzerten gerne in der ersten Reihe Platz nahm. Der vornehme Adel soll ihre Nachbarschaft

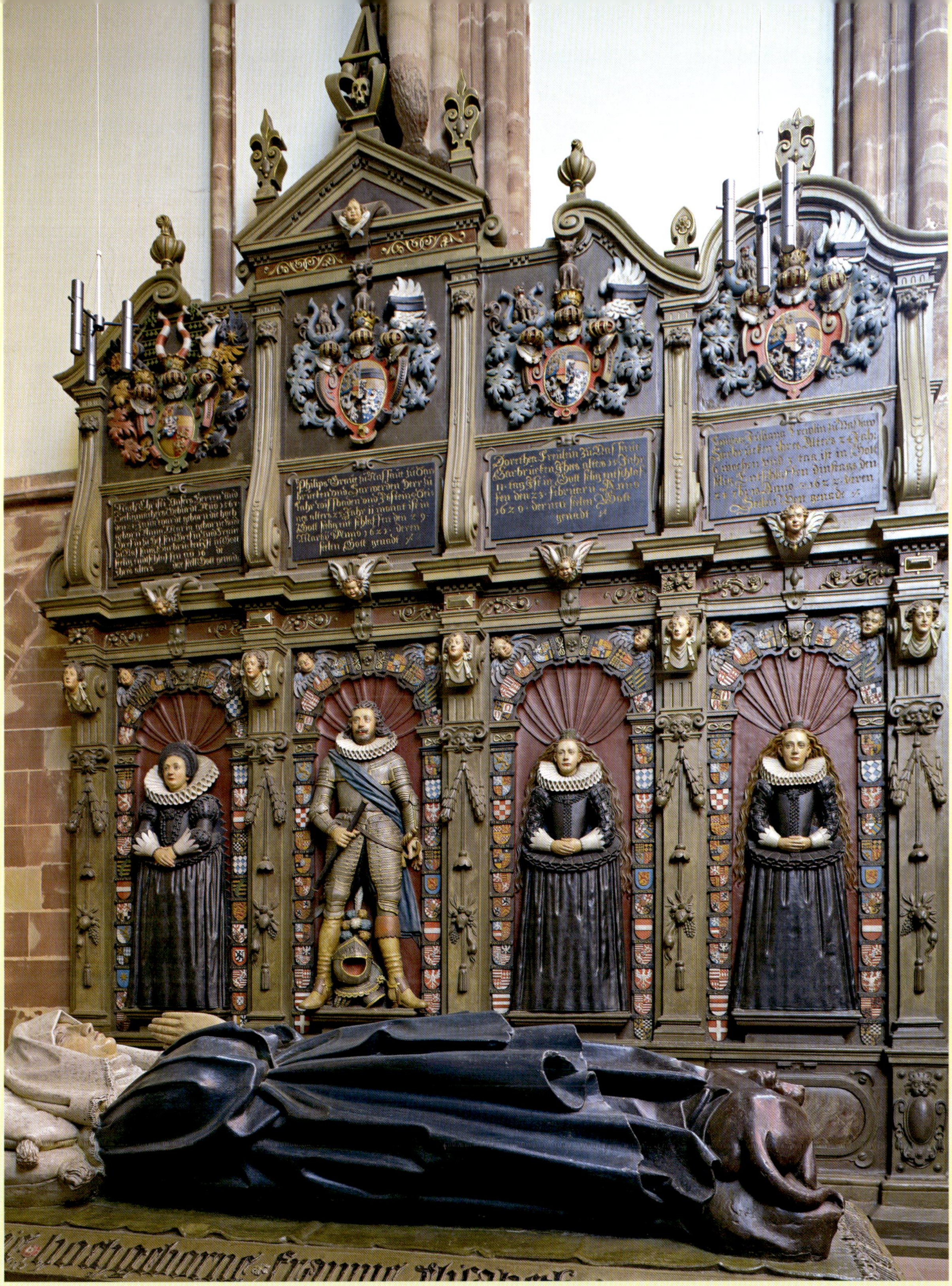

Unten:
Der aus dem anhaltinischen Zerbst stammende Baumeister Friedrich Joachim Stengel (1694–1787) schuf als eines seiner wichtigsten Werke das barocke Schloss Saarbrücken an der Stelle, an der vorher eine mittelalterliche Burg und dann ein Renaissanceschloss gestanden hatten.

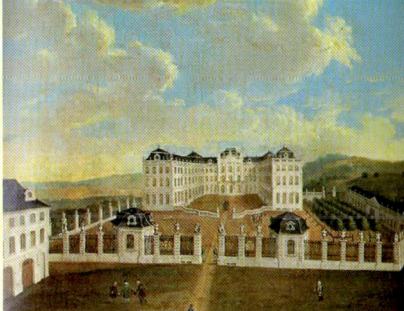

Links:
Eine der kunsthistorisch wichtigsten Sehenswürdigkeiten von Saarbrücken ist das Grabmal von Elisabeth von Lothringen (um 1395–1456) in der ehemaligen Stiftskirche St. Arnual. Im Hintergrund sind farbig gefasste Epitaphien der Grafen von Nassau-Saarbrücken aus den 1620er-Jahren zu sehen.

gemieden haben, was so weit ging, dass absichtlich die Stühle neben ihr freigelassen wurden. Sie nannte sich selbst verwitwete Fürstin von Nassau-Saarbrücken, obwohl ihr dies ein von den Agnaten herbeigeführter Beschluss verbot. Im Volksmund hieß sie „Katzengräfin“, wegen ihrer häufig in der Öffentlichkeit zur Schau getragenen Vorliebe für jene possierlichen Tierchen. 1815 erwarb sie ein Palais, in dem sie den Rest ihres Lebens verbrachte: mehr angestaunt als beliebt und ohne den „standesgemäßen“ Umgang, den sie wünschte.

Auch der Vater Ludwigs, Fürst Wilhelm Heinrich, war kein Kind von Traurigkeit. Von ihm ist die Anekdote überliefert, dass er von einer Reise nach Paris jeder seiner Mätressen das gleiche blaue Staatskleid mitgebracht haben soll. Zum Gottesdienst sollen dann alle seine Gespielinnen aus den verschiedenen Richtungen der Stadt mit ihren neuen, aufwändigen, aber gleichen Roben zur Kirche gegangen sein, was beim Volk helle Schadenfreude, bei den Damen allerdings blankes Entsetzen hervorgerufen habe.

Linke Seite:
Schöne Bauernhäuser wie dieses mit einem liebevoll gepflegten Garten lohnen einen Besuch von Bliesmengen-Bolchen. Im Ort gibt es, wie für das Saarland typisch, verschiedene Vereine, die die Gemeinsamkeit fördern. Bei den regelmäßigen Veranstaltungen sind nicht zuletzt die „Kirb", das Kirchweihfest, verschiedene Karnevals-Belustigungen, das Reiterfest und die Schleppjagd hervorzuheben.

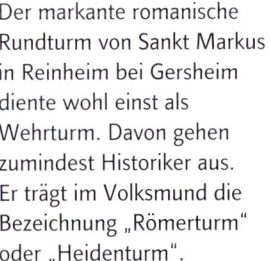

Der markante romanische Rundturm von Sankt Markus in Reinheim bei Gersheim diente wohl einst als Wehrturm. Davon gehen zumindest Historiker aus. Er trägt im Volksmund die Bezeichnung „Römerturm" oder „Heidenturm".

Zur Gemeinde Mandelbachtal gehört Bliesmengen-Bolchen. Der Ort liegt direkt an der französischen Grenze. Hier stammt der Hochaltar der alten Pfarrkirche Sankt Petrus in Ketten, der in die neue Pfarrkirche Sankt Paulus übertragen wurde, ursprünglich aus dem aufgelösten Kloster Gräfinthal.

Der „Europäische Kulturpark Bliesbruck-Reinheim" erstreckt sich grenzüberschreitend von Deutschland nach Frankreich. Bei den Ausgrabungen hüben und drüben kam Erstaunliches zutage. Am berühmtesten ist wohl das Fürstinnengrab aus dem 4. Jahrhundert v. Chr. Doch neben diesem und weiteren Gräbern gab es auch eine römische Villa, mit Fußbodenheizung und eigener Therme.

1952 fand ein Unternehmer beim Sand- und Kiesabbau im Gebiet des „Europäischen Kulturparks Bliesbruck-Reinheim" in einem Meter Tiefe Teile eines Skeletts sowie Grabbeigaben. Zwei Jahre später stieß er mit der Schaufel auf einen Bronzegegenstand. Im März 1954 begannen schließlich fachmännische Grabungen, die zur Auffindung weiterer Grabbeigaben wie der „Reinheimer Kanne" mit dem „Reinheimer Pferdchen" führten.

Links:
Das energetisch weitgehend autarke „Haus Lochfeld" – ein ehemaliges bäuerliches Anwesen aus der Zeit um 1900 – ist ein Kulturlandschaftszentrum, in der Gemeinde Mandelbachtal bei Wittersheim gelegen. Hier kann man sich Anregungen in einem ökologischen Weinberg, einer Streuobstwiese, einem Kräuter-, einem Bauern-, einem Rosen-, einem Beeren- und einem Obstsortengarten holen. Neben Maulbeerbäumen findet man hier auch den wohl ältesten Mispelbaum des Saarlands, im Volksmund „Hundsärsch" genannt.

Ganz oben:
Der Wallfahrtsort Gräfinthal gehört ebenfalls zur Gemeinde Mandelbachtal und zählt zu den religiös und kulturhistorisch bedeutsamsten Stätten des Saarlands. Neben den Ruinen des Langschiffes ist auch ein Teil des Chores der ehemaligen Klosterkirche erhalten.

Oben:
Die Taubenzucht – inklusive „Luftpost" per Brieftauben – ist im Saarland immer noch sehr beliebt. Im Hof des ehemaligen Klosters Gräfinthal ist ein beinahe luxuriös anmutendes Taubenhaus mit seinem barocken Walmdach aus dem Jahr 1766 erhalten.

Oben:
Der Ort Wolfersheim im
Bliesgau wurde erstmals
1274 urkundlich erwähnt
und gehört heute als Stadtteil
zu Blieskastel. Viele der
alten Bauernhäuser wurden
in den letzten Jahrzehnten
vorbildlich restauriert.

Rechts:
Der Bliesgau mit seinen
sanften Hügeln und weiten
Streuobstwiesen gilt als
„Toskana des Saarlands".
Er liegt südöstlich von
Saarbrücken und grenzt
an Frankreich.

Links:
Dabei umfasst der Bliesgau im Wesentlichen das Gebiet der Stadt Blieskastel sowie der beiden Gemeinden Gersheim und Mandelbachtal. Hier verstand man es schon immer gut zu leben – die ältesten Siedlungsspuren stammen aus der mittleren Steinzeit.

Unten:
Das ehemalige Milchhäuschen – im örtlichen Dialekt „Millich-Heisje" genannt – in Wolfersheim hat einen neuen Anstrich erhalten. Kein Wunder also, dass das Dorf bereits mehrfach nationale und internationale Auszeichnungen erhalten hat wie „Unser Dorf soll schöner werden" oder „Unser Dorf hat Zukunft".

Oben:
Eine Besonderheit von
St. Mauritius ist der vermut-
lich aus dem 12. Jahrhundert
stammende Rundturm.
Die Kirche befindet sich in
Erfweiler-Ehlingen, einem
Ortsteil von Mandelbachtal.

Rechts und ganz rechts:
Die einzige Simultankirche
des Saarlands – die also
beiden Konfessionen dient –
ist die romanische Stephans-
kirche in Böckweiler, einem
Ortsteil von Blieskastel.
Sie wurde mit ihrem Drei-
Konchen-Chor in Form eines
gleichmäßigen Kleeblatts
auf den Überresten einer
dreischiffigen karolingischen
Basilika errichtet.

Oben:
Auch Blickweiler ist ein
Stadtteil von Blieskastel.
Der Ort wurde 1191 erstmals
erwähnt und fiel im 14. Jahr-
hundert an Kurtrier. Weitere
Besitzwechsel folgten und
von 1816 bis 1918 war das
Dorf Teil der bayerischen
Pfalz, gehörte also zum
Königreich Bayern.

Links:
Ebenfalls zu Blieskastel gehört
Ballweiler. Der Name des
Ortes ist von „Ballo", einem
fränkischen Sippenführer,
abgeleitet.

Unten und rechts oben:

Reichsgraf Franz Karl von der Leyen (1736–1775) verlegte 1773 seine Residenz von Koblenz nach Blieskastel. Seiner Gemahlin Marianne schenkte er im selben Jahr ein barockes Schloss am Niederwürzbacher Weiher. Das Schloss ist das heutige Hotel „Annahof", das zu den vielen gastfreundlichen Herbergen des Saarlands zählt, die auch noch lukullische Genüsse versprechen. Neben diesen kulinarischen Vorzügen ist es nicht zuletzt die idyllische Lage, die die Gäste aus Nah und Fern anzieht.

Ganz unten:
Neben Bauernhäusern aus dem 18. und 19. Jahrhundert und der katholischen Pfarrkirche Herz Jesu aus den 1920er-Jahren zählt besonders das Waschhaus vom Beginn des 20. Jahrhunderts zu den Sehenswürdigkeiten von Oberwürzbach. Der Ort ist zusammen mit Reichenbrunn und Rittersmühle ein Stadtteil von St. Ingbert.

Seite 68/69:
Eingebettet in die sanften Hügel des Bliesgaus liegt der Hauptort Blieskastel. Seit 2012 ist die Stadt Mitglied der „Cittàslow", einer 1999 in Italien gegründeten Vereinigung von Städten, die sich unter anderem ein gesundes, genussvolles Essen aus heimischen Produkten und eine nachhaltige Stärkung der regionalen Kultur auf die Fahne geschrieben haben.

Oben:
Unter den Hofratshäusern der Blieskasteler Schlossstraße fällt vor allem das sogenannte „Schlösschen" ins Auge. Zugeschrieben wird es dem Baumeister Christian Ludwig Hautt (1726–1806).

Rechts:
Sie wird im Volksmund immer noch „Schlosskirche" genannt, obwohl die ehemalige Klosterkirche der Franziskaner-Rekollekten nur von 1778 bis 1793 als solche diente. Die heutige katholische Pfarrkirche von Blieskastel wurde 1776 bis 1778 errichtet.

Ganz rechts:
Der sieben Meter hohe Menhir „Gollenstein" gilt als Wahrzeichen von Blieskastel. Er beweist – zusammen mit dem hier gefundenen keltischen Fürstinnengrab – dass der Bliesgau schon seit grauer Vorzeit besiedelt ist.

Links:
Als einziges Gebäude des ehemaligen Schlosses von Blieskastel hat der Lange Bau, die Orangerie, die Wirren der Französischen Revolution heil überstanden. Der Bau aus dem 17. Jahrhundert lässt die Renaissance nachklingen. Er wird heute für Vorträge, Ausstellungen und Konzerte genutzt.

Unten:
Eigentlich heißt er ja „Napoleonsbrunnen": Begeisterte Blieskasteler Bürger errichteten am Alten Markt ihrer Stadt einen Obelisken zum großen Ruhme des „kleinen" Franzosen. Da hier der Kopf einer Schlange zum Wasserspeier wird, ist er als „Schlangenbrunnen" bekannt.

Links:
Von 1410 bis 1689 war die Burg Kirkel im Besitz der Herzöge von Pfalz-Zweibrücken. Herzog Johann I. ließ die Burg 1580 bis 1596 zum Wohnschloss umbauen, obwohl man ihm davon abriet, weil Feinde von dem die Burg überhöhenden Berg hineinschießen könnten. Er meinte dazu: „So werde ich noch sehrer von inwendig hinauß schiessen."

Unten:
Bei Wörschweiler, einem Stadtteil von Homburg, erhebt sich auf einem Bergsporn, dem „Klosterberg", die Ruine eines ehemaligen Klosters. Es wurde 1130 als Benediktinerkloster gegründet und bereits 1171 von Zisterziensern übernommen. Daraus erklärt sich die für ein Zisterzienserkloster untypische Höhenlage.

Seite 74/75:
Schwarzenacker ist ein Ortsteil von Einöd, das wiederum einen Stadtteil von Homburg bildet. Der schwedische Baumeister Jonas Erikson Sundahl (1678–1762) errichtete das barocke Edelhaus des Römermuseums. Hier sind unter anderem einige Werke des Malers Johann Christian von Mannlich ausgestellt. Stein und Goethe.

Unten:
Weit reicht die Geschichte des barocken Schlosses Gustavsburg in Jägersburg bei Homburg zurück. Die ehemalige Burg Hattweiler wurde 1590 in Schloss Hansweiler und schließlich 1790 in „Gustavsburg" umbenannt.

Rechts oben:
Die saarländische Stadt Homburg erhielt ihren Namen von der Ruine der ehemaligen Festung Hohenburg. Hier war ebenso wie bei Saarlouis Vauban der Baumeister. Er baute Burg und Stadt zu einer wehrhaften Festung um.

Rechts Mitte:
Das Römische Freilichtmuseum beweist es: In Schwarzenacker bei Homburg liebten es die Römer besonders feudal. Denn in der freigelegten Siedlung rekonstruierte man nicht nur Gebäude oder Häuserfassaden, sondern entdeckte auch originale Abwasserkanäle und Hinweise auf überdachte Gehsteige.

Rechts unten:
Zur Homburger Hohenburg gehörten einst die Schlossberghöhlen. Sie gelten als die größten Buntsandsteinhöhlen Europas. Bei einer Führung kann ein Teil der mächtigen Kuppelhallen und kilometerlangen Gänge besichtigt werden.

Im Osten des Saarlands wurde 1893 auf dem Höcherberg ein Holzturm zur Landvermessung errichtet. Heute gibt es hier einen steinernen Aussichtsturm. Von ihm kann man den Blick Richtung Lautenbach und Breitenbach (links) schweifen lassen. Der erstgenannte Ort gehört zu Ottweiler, Breitenbach hingegen liegt im „Kuseler Musikantenland"

und damit in der Pfalz, also in Rheinland-Pfalz. Steinbach (ganz unten) gehört auch zu Ottweiler und liegt höher als die meisten anderen umliegenden Dörfer und Städte. So kommt es, dass der Ort meist einer der ersten im ganzen Saarland mit Schnee ist.

Oben:
Rings um den Höcherberg, hier der Blick vom Turm, gab es früher ganz andere Grenzen als heute. Denn Kirkel war mit dem Ortsteil Bayerisch Kohlhof – wie der Name schon sagt – früher bayerisch; Bexbach hingegen kann sich rühmen, den ältesten Bahnhof des Saarlands aufzuweisen.

Rechts und ganz rechts:
Das Saarländische Bergbaumuseum ist im Hindenburgturm von Bexbach untergebracht. Der Turm wurde ursprünglich als Wasserhochbehälter errichtet. Größere Ausstellungsstücke werden im direkt angrenzenden „Blumengarten" gezeigt.

Oben:
Das Besucherbergwerk Rischbachstollen in St. Ingbert zeigt eindrucksvoll, wie früher die Kumpel das „schwarze Gold" des Saarlands zu Tage beförderten.

Ganz links:
An den Berghau wird in St. Ingbert auch mit der Skulptur eines Bergmannes erinnert. Sie zeigt, dass die harte Arbeit nicht immer von genügend nahrhaftem Essen begleitet war.

Links:
Das älteste Industriedenkmal des Saarlands ist die Möllerhalle in der Werkssiedlung „Alte Schmelz" von St. Ingbert. Sie wurde im Jahr 1750 gebaut und erhielt um 1810 eine Uhr und eine Glocke.

Links:
Historisches Pumpenhaus aus dem Jahr 1908 im Itzenplitzer Weiher. Der Weiher wurde 1878 zur Speisung der Dampfmaschinen und als Wasserreservoir der Gruben Itzenplitz und Reden angelegt und gilt als größter See im Landkreis Neunkirchen.

Oben:
Grubenanlage Itzenplitz in Schiffweiler. Der Name hat reale Hintergründe: Heinrich Friedrich von Itzenplitz (1799–1883) war ein preußischer Minister, Naturwissenschaftler und Jurist, der sich insbesondere um die beschleunigte Einführung der Eisenbahn in Preußen verdient gemacht hatte. Ihm wurden zu jener Zeit etliche Gruben, Stollen und andere Bauten gewidmet.

Unten:
In Bildstock bei Friedrichsthal konnte die Gewerkschaftsbewegung der Arbeiter gegen den Willen der Obrigkeit den sogenannten „Rechtsschutzsaal" einweihen – das älteste Gewerkschaftsgebäude Deutschlands. Er diente als Vereinshaus: Jedes Mitglied sollte sich durch die Spende von einer Mark und von zwei Backsteinen am Bau beteiligen.

Ganz unten:
Dieses Denkmal in Friedrichsthal erinnert an das Bergwerksunglück in der Grube Maybach im Jahr 1930. Dabei kamen aufgrund einer Schlagwetterexplosion fast 100 Arbeiter ums Leben.

Links:
Nach der Gründung der Steinkohlegrube Maybach wurden die Arbeiter erst einmal in Schlafhäusern oder als Kostgänger bei ortsansässigen Familien untergebracht. Später gab es für die Grubenbeamten stattliche Doppelhäuser – die Grubenarbeiter mussten sich mit schlichter gestalteten Behausungen zufriedengeben. Die Bergwerkssiedlung Maybach steht seit 1981 unter Denkmalschutz.

Links:
Zu den bekannten Sehenswürdigkeiten von Sulzbach zählen die historischen Salzhäuser. Hier nahm die Salzgewinnung ab Mitte des 16. Jahrhunderts ihren Aufschwung, als man entdeckte, dass es salzhaltige Einlagerungen im Buntsandstein gibt.

Linke Seite und links:
In Sulzbach-Hühnerfeld ist die katholische Pfarrkirche St. Marien ein markanter roter Ziegelbau mit hell abgesetzten Putzflächen. Das Gotteshaus stammt aus dem Jahr 1910. Hühnerfeld liegt an der historischen Römerstraße, die an den Rhein führt. Der Name soll allerdings nichts mit dem lieben Federvieh zu tun haben, sondern von der Flurbezeichnung „Hinterfeld" stammen.

Oben:
Die Förderhalden wie hier in Göttelborn prägen die Landschaft des Saarlands an einigen Stellen. Nach dem Ende des Bergbaus wurden sie begrünt oder mit riesigen Photovoltaikanlagen einer neuen Nutzung zugeführt.

Rechts:
Unter Denkmalschutz stehen heute die Grubenhäuser, die ab 1887 im Umfeld der Grube Göttelborn errichtet wurden. Die „Heher", die von der Höhe, also die Göttelborner, haben ihre Kirmes nach der Höhe benannt und den Karnevalsverein sowieso. Auch der aus Göttelborn stammende Manuel Sattler, der seine Lieder in Saarbrigger Platt singt, nennt sich „Liedermacher von da Heh".

Links:
Umgerechnet rund
200 Millionen Euro soll die
Errichtung des Förderturms
Göttelborn anno 1992
gekostet haben – bei einer
Nutzungsdauer von nur
acht Jahren ist das ein
erkleckliches Sümmchen.
Dafür wird er von der
Bevölkerung aufgrund seiner
Größe und seiner Farbe
liebevoll „weißer Riese"
genannt. Und er stellt immer
noch eine weithin sichtbare
Landmarke dar.

Über Jahrhunderte war das Köllertal bei Saarbrücken landwirtschaftlich geprägt. Es galt als „Kornkammer" der Fürsten von Nassau-Saarbrücken. Im 19. Jahrhundert hatten hier die Dörfer kaum mehr als 50 Einwohner. Mittendrin liegt Heusweiler, mit dem Ortsteil Holz (im Bild). Mit der Industrialisierung gab es einen radikalen Strukturwandel: Aus den umliegenden Gebieten bis hin zu Hunsrück, Eifel und Pfalz siedelten sich immer mehr Menschen hier an, um in den Kohlengruben zu arbeiten.

Zurück zu den Wurzeln, scheint es jetzt zu heißen. Denn beim Saarkohlenwald gibt es auch den „Urwald vor den Toren der Stadt". Es wird kein Holz mehr geschlagen, alles darf wachsen wie es will. Und siehe da, hier fühlen sich nicht nur Orchideenarten wie die Küchenschelle oder das Knabenkraut wohl, sondern auch die Große Händelwurz oder die Hummel-Ragwurz.

Linke Seite:
In Obersalbach-Kurhof bildet
die mit ihren 18 Metern
Höhe nicht zu übersehende
katholische Filialkirche
„Maria Königin" den Dorfmit-
telpunkt. Mit ihrer Platzierung
zwischen Dorfgemeinschafts-
haus, altem Bauernhaus und
alter Scheune geht sie einen
architektonischen Dialog ein.

Die 1888 bis 1890 erbaute
neugotische Liebfrauenkirche
von Püttlingen erlebte den
ersten Umbau 1928. 1953/
1954 erfuhr das Gotteshaus
grundlegende Veränderungen
durch umfangreiche Umbau-
und Erweiterungsmaßnahmen
unter der Leitung der Kirchen-
baumeister Dominikus und
Gottfried Böhm. Weitere
Veränderungen folgten.

Die Kirche „Maria Königin"
wurde von den Architekten
Thomas Britz und Peter Alt
aus Saarbrücken entworfen,
die auch den Wettbewerb
für die saarländische Landes-
vertretung in Berlin gewonnen
hatten. Kein Geringerer als
der weltbekannte Licht- und
Glaskünstler Brian Clarke
gestaltete die Glasfenster. Zu
finden ist dieses Kunstwerk in
der kleinsten Gemeinde von
Heusweiler, die einen Doppel-
namen trägt: Obersalbach-
Kurhof.

Unten:
Im Hintergrund ragt das „Gebirge" der Völklinger Hütte in den Himmel: Der Alte Bahnhof ist geschichtlich eng mit dem heutigen Industriedenkmal verbunden. Hier ist das Carré Culture mit dem Restaurant „Platform 11 3/4" eingezogen.

Rechts:
Das historistische Alte Rathaus von Völklingen zitierte ursprünglich den Stil der Renaissance, wurde zu Beginn des 20. Jahrhunderts aber im Jugendstil umgebaut. Heute sind hier unter anderem die Volkshochschule sowie die Stadtbücherei untergebracht.

Oben:
Nach dem Vorbild der Saarbrücker Ludwigskirche wurde 1926 bis 1928 in Völklingen ein neues Gotteshaus errichtet. Zuerst hieß es „Stadtkirche", doch zur Unterscheidung wurde sie in „Versöhnungskirche" umbenannt. Die Kuppel besteht aus 3500 Kassetten, das Deckengemälde der „Apokalypse" stammt aus dem Jahr 1936.

UNESCO-Weltkulturerbe –
DIE VÖLKLINGER HÜTTE

1994 wurde die Völklinger Hütte als erstes Industriedenkmal weltweit in die Liste des UNESCO-Weltkulturerbes aufgenommen. Eine weitere Auszeichnung erfolgte 2007 mit der Nominierung als Historisches Wahrzeichen der Ingenieurbaukunst in Deutschland. Und nicht zuletzt kann sie sich rühmen, bereits als Kulisse für einen Kinofilm der „Wilden Kerle" gedient zu haben. 1873 gegründet und 1986 stillgelegt, wurde aus dem grauen Hüttenalltag der Kumpel eine faszinierende und bunte Sehenswürdigkeit ersten Ranges, inklusive nächtlicher Illuminierung: Die Völklinger Hütte ist also eine „Graue Eminenz", die durchaus zu schillern weiß.

Das liegt auch an den vielen Kulturveranstaltungen, die seit Mitte der 1990er-Jahre hier angeboten werden. Aus Nah und Fern reisen die Fans zu Open-Air-Rockkonzerten ebenso an wie zu Kammermusik-Aufführungen. Ausstellungen mit Themen oder Titeln wie „Leonardo da Vinci – Maschine Mensch", „Schätze aus 1001 Nacht – Faszination Morgenland" oder „Das Leben der Kelten in der Eisenzeit" begeistern die Besucher eben-

so wie eine Zusammenstellung von über 100 historischen Aktfotografien aus der zweiten Hälfte des 19. Jahrhunderts.

Von der Eisen- und Kohlezeit in die Cyber-Zukunft

Das Stahlwerk „Burbacher Hütte" war zu Beginn des 20. Jahrhunderts der größte lokale Arbeitgeber Saarbrückens und die Hütte gilt als „Motor" der Entwicklung zur Großstadt und heutigen Landeshauptstadt. Zug um Zug wurde das Areal in die „Saarterrassen" verwandelt, ein Gewerbegebiet mit einem hohen Anteil an Dienstleistungen, nicht zuletzt in den Branchen Computeranwendung, Internetdienste und Medien. Hier lernen schon die Kleinsten – in der Kit@ – spielerisch kennen, was sie im späteren Leben brauchen werden: die modernste Technik. Und zum guten Image des

Oben:
Vom Industrie-Gebirge zum Mega-Kunstwerk – die Völklinger Hütte ist dank der Lichtinstallation auch zu nächtlicher Stunde ein Hingucker. Seit 1999 wird die Hüttenlandschaft durch eine Installation des Kieler Licht- und Klangkünstlers Hans-Peter Kuhn illuminiert, die 2001 vom Pfälzer Künstler Michael Seyl erweitert wurde.

Ganz oben links:
Vor allem die ehemalige Gebläsehalle der Völklinger Hütte dient heute als außergewöhnliche „Kulisse" für Ausstellungen oder Konzerte mit großer Themenvielfalt.

Links:
Das Weltkulturerbe-Areal der Völklinger Hütte umfasst mit rund zehn Hektar nur einen Bruchteil der Völklinger Saarstahl-Werksanlagen mit ihren 260 Hektar. Bei der Saarstahl AG wird immer noch fleißig „geschafft" – und das mit Blick auf die Türme von Völklingen.

Saarlands als „Tal der Computer-Profis" trägt auch die Informatiker-Hochburg im Schloss Dagstuhl bei.

Die Industrialisierung von Neunkirchen war mit der Montanunternehmerfamilie Stumm eng verbunden. Die Gebrüder Stumm übernahmen 1806 das Eisenwerk, das heute ein Teil der Saarstahl AG ist. Zu den Spitznamen von Karl Ferdinand Freiherr von Stumm-Halberg zählten „Schlacke-Karl", „Schlotbaron" und „König von Saarabien". Die Familie wusste es lange Zeit zu verhindern, dass Neunkirchen Stadtrechte verliehen wurden: Als Dorf war es einfacher zu lenken. Neunkirchen war zu der Zeit das größte Dorf Deutschlands und wurde erst 1922 zur Stadt ernannt. Auf dem Stummplatz an der Stummstraße wurde ihm – trotzdem – ein Denkmal errichtet.

Wichtig war den Industriebaronen neben der Arbeits- auch die private „Moral" ihrer Untergebenen: So durften die Arbeiter der Stumm'schen Werke erst heiraten, wenn ihnen dazu die Erlaubnis ihres Chefs erteilt worden war. Ungeachtet dessen entwickelten sich mit der Industrialisierung und zur Zeit des deutschen Kaiserreichs neue Formen der Geselligkeit. Das Saarland wurde zu einer Hochburg des deutschen Vereinswesens – ob Gesangs- oder Turnverein, Raucher- oder Radclub: Fast alle Saarländer waren in Vereinen organisiert. Viele sind es immer noch und auch andere Arten des Miteinanders haben sich etabliert wie das „Schwenken". Dabei stammen die Einzelteile des „Schwenkers" (Grill) oft noch aus der Hütte und so kann der „Schwenker" (Grillmeister) beim Wenden des „Schwenkers" (Steak) in Nostalgie schwelgen …

Ein früheres Hofgut wurde zum Romantik- und Verwöhn-Hotel Linslerhof in Überherrn: 1151 erstmals urkundlich erwähnt, richteten Brigitte und Wendelin von Boch-Galhau hier in den 1990er-Jahren eine Oase direkt an der französischen Grenze ein. Dazu gehören verschiedene Restaurants ebenso wie eine Jagdschule.

Oben:
Das Deutsche Zeitungsmuseum hat seinen Sitz im ehemaligen Guts- und Wirtschaftshof des Prämonstratenserklosters von Wadgassen. Hier kann man nicht nur Schnellpressen und Setzmaschinen bewundern, es finden sich auch Zitate wie: „Eine Boulevardzeitung ist, wenn auf Seite 1 mehr Menschen sterben, als auf Seite 2 am Leben bleiben."

Links:
Auch in Friedrichsweiler, einem Ortsteil von Wadgassen, finden sich Relikte des Bergbaus. Der Ort wurde 1725 von Graf Friedrich Ludwig von Nassau-Saarbrücken gegründet und nach ihm benannt.

Linke Seite:
Von der einstigen Burg Berus im gleichnamigen Ort, heute ein Stadtteil von Überherrn, ist nur wenig erhalten. Das Torhaus Scharfeneck (im Bild) ist der bemerkenswerteste Rest der Stadtbefestigung.

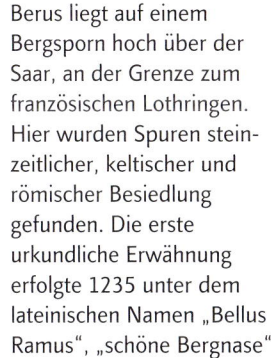

Berus liegt auf einem Bergsporn hoch über der Saar, an der Grenze zum französischen Lothringen. Hier wurden Spuren steinzeitlicher, keltischer und römischer Besiedlung gefunden. Die erste urkundliche Erwähnung erfolgte 1235 unter dem lateinischen Namen „Bellus Ramus", „schöne Bergnase".

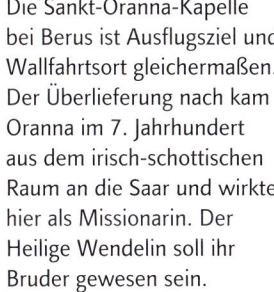

Die Sankt-Oranna-Kapelle bei Berus ist Ausflugsziel und Wallfahrtsort gleichermaßen. Der Überlieferung nach kam Oranna im 7. Jahrhundert aus dem irisch-schottischen Raum an die Saar und wirkte hier als Missionarin. Der Heilige Wendelin soll ihr Bruder gewesen sein.

Das „Haus Saargau" in Gisingen bei Wallerfangen ist ein typisches „Lothringerhaus" und als solches auch mit Lothringer Mobiliar ausgestattet. Hier befand sich in der Regel die Küche zwischen der Stube vorne und der Kammer hinten, so dass mit dem Herdfeuer die Räume geheizt werden konnten. Das ehemalige Bauernhaus aus dem 18. Jahrhundert wurde zu einem kulturellen und touristischen Zentrum des Saargaus, der Region westlich der Saar bis zur lothringischen Grenze. Sein Bauerngarten zählt zu den „Gärten ohne Grenzen".

Oben:
Das 1121 erstmals erwähnte Altforweiler – im Bild – ist ein Ortsteil von Überherrn, während Neuforweiler ein Stadtteil von Saarlouis ist. Früher hieß es nur Forweiler und so wird es auch heute im Volksmund noch genannt – die Namenserweiterung erfolgte zur Unterscheidung von dem neu gegründeten Ort.

Links:
Das Alte Pfarrhaus von Beaumarais bei Saarlouis wurde zum Hotel. In diesem Barockbau aus dem Jahr 1762 ist das Ambiente des Restaurants im Stil der 1920er-Jahre französisch angehaucht.

Rechts:
Was einst militärischen Zwecken und mithin der Verteidigung vor dem Feind diente, steht heute zur Naherholung unmittelbar vor den Toren und Mauern der Stadt Saarlouis zur Verfügung. Die früheren Kasernen werden heute als Museum und Einkaufszentrum genutzt.

Unten:
In die unterirdischen Gewölbe, also in die Kasematten, unter den Wällen der Vauban-Festung von Saarlouis sind Cafés und Restaurants eingezogen.

Oben:
Die katholische Pfarrkirche St. Ludwig am Großen Markt von Saarlouis wurde 1685 erbaut, war aber mehrfach baufällig. 1970 wurde das Kirchenschiff von Gottfried Böhm entworfen und in Sichtbeton ausgeführt. Der Große Markt war früher ein militärischer Paradeplatz und dient heute als Marktplatz.

Links:
In Saarlouis hat sich an der Ecke Alte-Brauerei-Straße/ Bierstraße eine lebendige Kneipenszene etabliert. In der Bierstraße befindet sich das Geburtshaus des französischen Marschalls Michel Ney. Laut Napoleon war er „le brave des braves", also „der Tapferste der Tapferen".

Der Norden – zwischen Mosel und Hunsrück

Grenzen gibt es auch im Norden des Saarlands zuhauf – zum Beispiel im Westen nach Frankreich und Luxemburg, wobei hier zum Teil die Mosel als Grenzfluss dient. Nördlich und im Osten liegt Rheinland-Pfalz. Allerdings halten sich viele nicht daran. So wird der moselfränkische Dialekt auch in den Nachbarregionen gesprochen, natürlich auch hier von Dorf zu Dorf unterschiedlich. Im Nachbarland ist „Lëtzebuergesch", Luxemburgisch, sogar eine mündliche Amtssprache, in der es neben anderen Nuancen lediglich etwas mehr Lehnwörter aus dem Französischen gibt. Die Saar, die dem Land den Namen gab, verlässt dasselbe einfach so, um bei Konz in die Mosel zu münden.

St. Peter in Merzig gilt als größte erhaltene romanische Kirche des Saarlands. Vor allem die Ostpartie weist eine Verwandtschaft mit Maria Laach im Osten der Eifel auf. Vor dem barocken Pfarrhaus blühen im Garten die Rosen um die Wette.

Länderübergreifende Wanderwege gibt es hier nicht nur zwischen Deutschland und Frankreich, sondern – mit dem Fernwanderweg „Saar-Hunsrück-Steig" – sogar zwischen dem Saarland und Rheinland-Pfalz. Ein mit 114 Kilometern insgesamt recht kurzer Fluss, die Nied, entspringt in Lothringen – und hat sich dann doch entschlossen, ins Saarland zu wechseln, um hier in die Saar zu münden. So ist es kein Wunder, dass hier auch die „Gärten ohne Grenzen" ihre Heimat haben: In Lothringen, Luxemburg und dem Saarland wurden historische Gärten restauriert und präsentieren sich den Besuchern optisch und olfaktorisch die Sinne berauschend. Während sich die Kunst-

werke der „Steine an der Grenze" nicht so recht zwischen Deutschland und Frankreich entscheiden können, bleibt die „Straße der Skulpturen" gänzlich im Saarland. Hier kann man zwischen St. Wendel und dem Bostalsee zeitgenössische Meisterwerke verschiedener künstlerischer Ausprägung bewundern.

Ebenfalls bewundern kann man bei Mettlach nicht nur das wohl bekannteste Naturschauspiel des Saarlands, die Saarschleife; in der Saar-Metropole selbst ist der Firmensitz von Villeroy & Boch der Hauptanziehungspunkt für Gäste aus aller Welt. Besonders aufschlussreich ist die Sammlung von

Rechts:
Im Erlebniszentrum von Villeroy & Boch in Mettlach kann man edelstes Porzellan bewundern. Es erübrigt sich hier, die Teller umzudrehen und nach der Marke zu schauen.

Unten:
Seit 1620 gibt es den „Ochsen" in St. Wendel. Er gilt als ältestes Gasthaus des Saarlands und hatte früher auch eine eigene Metzgerei. Neben regionaltypisch Deftigem oder saisonalen Schmankerln ist auch die Nähe zu Frankreich spür- und schmeckbar.

Oben Mitte:
Der Weinort Sehndorf gehört zu Perl an der Mosel. Hier findet man üppig gepflegte Bauerngärten ebenso wie fröhlich-bunte Frauenpower à la Niki de Saint Phalle.

Rechts:
Das Alte Rathaus ist eine der besonderen Sehenswürdigkeiten in der historischen Altstadt von Ottweiler. Aus der Stadt stammt Charlotte Britz, die 2004 zur Oberbürgermeisterin Saarbrückens gewählt wurde.

Bierkrügen der vorletzten Jahrhundertwende. Damals konnten die Biertrinker anhand der Motive zeigen, welchen Handwerks oder welchen Standes sie waren, ob Kaisertreue, Hundefreunde oder

Kartenspieler. Ein Krug ist dabei besonders hervorzuheben. Er zeigt einen Affen (den man sich beim Trinken fangen kann), der einen Hering (für den Kater am nächsten Tag) in der Hand hält …

Tafel-, Nacht- und andere Geschirre

Die „Keravision" im ehemaligen Abteigebäude ist eine wirkliche Erlebniswelt. Vom festlichen Tafel- über das einfache Nachtgeschirr bis hin zum edlen Designerbadezimmer lässt sich hier die Firmengeschichte über mehr als ein Vierteljahrtausend nachverfolgen. Wem nach einer Pause gelüstet, der ist in der Replik des – von Villeroy & Boch geschaffenen und immer noch viel besuchten und weltberühmten – „Pfundschen Milchladens" in Dresden bestens aufgehoben, denn so ist das Museumscafé gestaltet.

Für Frischluftfans bietet sich ein Spaziergang im Park an. Das für die Expo 2000 mit 137 000 Teilen größte Keramikpuzzle der Welt des Künstlers Stefan Szczesny umrahmt den von André Heller entworfenen Pavillon, der vom efeuumrankten „Erdgeist" bewacht wird. Das „Gästehaus Schloss Saareck" in Mettlach steht, gegen einen ent-

sprechenden Obolus, allen Übernachtungswilligen offen. Hier ist jedes Gästebad mit einer anderen Keramik-Serie ausgestattet; es lohnt sich also, öfter und in verschiedenen Zimmern zu nächtigen, um sich durch die Entwicklung des Bad-Designs „hindurchzubaden".

Wie gut es sich die Römer in Bezug auf Trink- und Wohnkultur einst im heutigen Saarland gehen ließen, lässt sich in den Ortsteilen von Perl nachvollziehen. Die rekonstruierte Villa Rustica in Borg, mit angeschlossener Taverne, ist ebenso sehenswert wie das Fußbodenmosaik in Nennig. In Perl wird immer noch Wein angebaut und im Renaissance-Schloss Berg in Nennig residiert einer der vielfach ausgezeichneten Sterne-Köche des Saarlands, Christian Bau, geboren 1971 in der badischen Ortenau. Doch hier kann man nicht nur fürstlich tafeln, sondern auch sein Glück im Spiel versuchen: im Casino.

Wortsegel

Wer hier lebt, hat Glück. Denn bei Falscheid, einem Ortsteil von Lebach, wurde der geografische Mittelpunkt des Saarlands ausgemacht. Durch die Lage Lebachs und das umfangreiche Angebot an öffentlichem Nahverkehr sind alle größeren saarländischen Städte in einer Dreiviertelstunde mit Bus oder Bahn erreichbar. Tholey, wo sich das wohl älteste Kloster Deutschlands befindet, ist der Geburtsort von Johannes Kühn. Er gilt mit seiner Sprachgewalt als einer der wichtigsten aktuellen Lyriker der

deutschen Sprache. Ihm ist das 13 Meter hohe „Wortsegel", eine Stahlskulptur für Poesie, bei Sotzweiler im Schaumbergland, gewidmet.

Der Schriftsteller und Journalist Gustav Regler (1898–1963) stammt aus Merzig. Die Stadt ist jeweils ungefähr 50 Kilometer von der saarländischen Landeshauptstadt Saarbrücken, von Trier in Rheinland-Pfalz, von Metz in Frankreich sowie von der Stadt Luxemburg entfernt. Hier kann man mit den Wölfen heulen. Denn Werner Freund, 1933 in Hessen geboren, lebt seit 1977 als „Wolf unter Wölfen", so der Titel seines bekanntesten Buches. Sein Wolfspark bei Merzig ist kostenlos zugänglich und auch das ihm gewidmete Expeditionsmuseum in der Stadt selbst ist unbedingt einen Besuch wert. Doch was wäre das Saarland ohne einen krönenden kulinarischen Abschluss – das „Viezfest" in Merzig huldigt dem hiesigen Apfelwein und ist äußerst beliebt.

Unten:

Dieses stattliche Lothringer Bauernhaus mit seinem gepflegten und buchsumrandeten Bauerngarten findet man in Hemmersdorf. Mit gut zweitausend Einwohnern ist das Dorf einer der größten Orte in der saarländischen Großgemeinde Rehlingen-Siersburg im Niedtal. Die Lothringer Häuser sind Einhäuser, die Wohn- und Wirtschaftsteil unter einem Dach vereinen und mit der Traufseite an der Dorfstraße direkt aneinander gebaut sind, so dass sich in der Regel eine geschlossene Häuserzeile ergibt.

Ganz unten:

Idyllisch mutet die Nied bei Niedaltdorf an. In der neugotischen Pfarrkirche des Ortes, St. Rufus, befindet sich die älteste Nachbildung der Mariengrotte von Lourdes auf deutschem Boden.

Links:

Im Alten Schloss in Dillingen werden heute Ausstellungen gezeigt und Konzerte veranstaltet. Es wurde ursprünglich im Stil der Renaissance errichtet. Der barocke Umbau *erfolgte nach den Plänen von Balthasar Wilhelm Stengel (1748–1824), einem der beiden Söhne des berühmten saarländischen Barockbaumeisters, Friedrich Joachim Stengel.*

Oben:
Das Palais von Nell aus dem Jahre 1733 zählt zu den Sehenswürdigkeiten der Gemeinde Perl an der Mosel. Im Rahmen der „Gärten ohne Grenzen" wurde hier ein sehenswertes Barockgartenparterre angelegt.

Rechts:
Schon die Römer ließen es sich im Saarland gut gehen. Besucher können das bei der Römischen Villa Borg im gleichnamigen Ort bei Perl erleben. Hier wurde eine Villa Rustica rekonstruiert, inklusive einer Taverne, in der Speisen nach Rezepten des Apicius kredenzt werden.

Oben:
Zum Renaissance-Schloss Berg in Perl-Nennig gehört auch ein Renaissance-Garten, der im Rahmen des Projekts „Gärten ohne Grenzen" angelegt wurde. Perl mit seinen Ortsteilen ist die einzige Weinbaugemeinde des Saarlands.

Links:
Die Kühe scheint's beim Grasen nicht zu stören, dass an den Stellen der Höcker des „Orscholzriegels" bis heute kein Gras wächst. Das sollte auch nicht über die Geschichte wachsen, denn diese Panzersperre bei Tettlingen-Butzdorf, in der Nähe von Perl, war Teil des Westwalls.

Tonangebend –
DIE SAAR

Neben dem Rhein ist die Saar der einzige Fluss in Deutschland, der einem Bundesland den Namen gegeben hat. Um sie ranken sich aber beileibe nicht so viele Sagen und Geschichten wie um das große „Väterchen" – doch beide Flüsse scheinen die Karnevalisten geradezu anzuziehen, denn auch das Saarland ist eine Hochburg der feucht-fröhlichen Tage. Die Saar kommt aus Frankreich im Süden: Man kann nicht unbedingt sagen, dass sie dort auch entspringt. Denn die Rote Saar tritt zu Tage – um gleich wieder zu verschwinden und an einer Kurve der D 44 wieder aufzutauchen.

Großes Bild Mitte:
Wildromantischer Sonnenaufgang an der Saarschleife: Sie gilt als eines der Wahrzeichen des Saarlandes.

Unten:
Etwas längere Schiffe oder Schubverbände sind nicht so leicht um die Saarschleife bei Orscholz, in der Nähe von Mettlach, zu manövrieren.

Nebenfluss mit 13 Buchstaben

Dazwischen liegen einige wichtige Sehens- und Erlebenswürdigkeiten direkt am Fluss. Dabei ist nicht nur vom „Saar-Spektakel" in Saarbrücken die Rede. In der Landeshauptstadt liegt auch die Stadtautobahn unmittelbar am Fluss. Und da auch die Saar ab und an Hochwasser führt, wird die Schnellstraße gerne als „linker Nebenfluss der Saar mit 13 Buchstaben" bezeichnet ... Dem soll das Projekt „Stadtmitte am Fluss" Abhilfe schaffen, bei dem die Straße unter die Erde verlegt werden soll. Die Frage der Kosten scheint noch nicht ganz geklärt zu sein, aber damit könnte die Fehlplanung der 1960er-Jahre revidiert werden.

Direkt an der Saar liegt auch das Staatstheater. Seit die Irin Marguerite Donlon die Leitung des Staatsballetts übernahm, kommen hier auch aufregende Choreografien auf die Bretter, die die Welt bedeuten. Als der Intendant sie angerufen hatte,

Rechts:
Am 27. Februar 1784 brach eine Naturkatastrophe über Saarlouis herein: Beim Eisbruch an der Saar kam es zu Hochwasser, das die ganze Stadt überflutete und einen Höchststand von 1,67 Metern erreichte. Erst am 29. Februar sank langsam der Wasserspiegel.

Dort sollte man sich auf der Suche nach ihr nicht lange aufhalten, denn hier sind Motorrad- und andere Möchtegern-Rallyefahrer gerne recht flott unterwegs. Auf der anderen Seite des gleichen Bergrückens, des Donon, entspringt die Weiße Saar: ähnlich unspektakulär. Nach jeweils ungefähr 27 Kilometern kommt zusammen, was zusammengehört: Beim lothringischen Weiler Hermelange weist ein Schild mit der Aufschrift „Jonction des deux Sarre" auf den Zusammenfluss der beiden „Schwestern" hin. Nun geht's gemächlich durch das Saarland, bis der Fluss – in Rheinland-Pfalz – in die Mosel mündet.

SAARSTAND 1784.
DEN 28 TEN FEBRUAR.
2 8' 6" 181,96. ü. N.N.

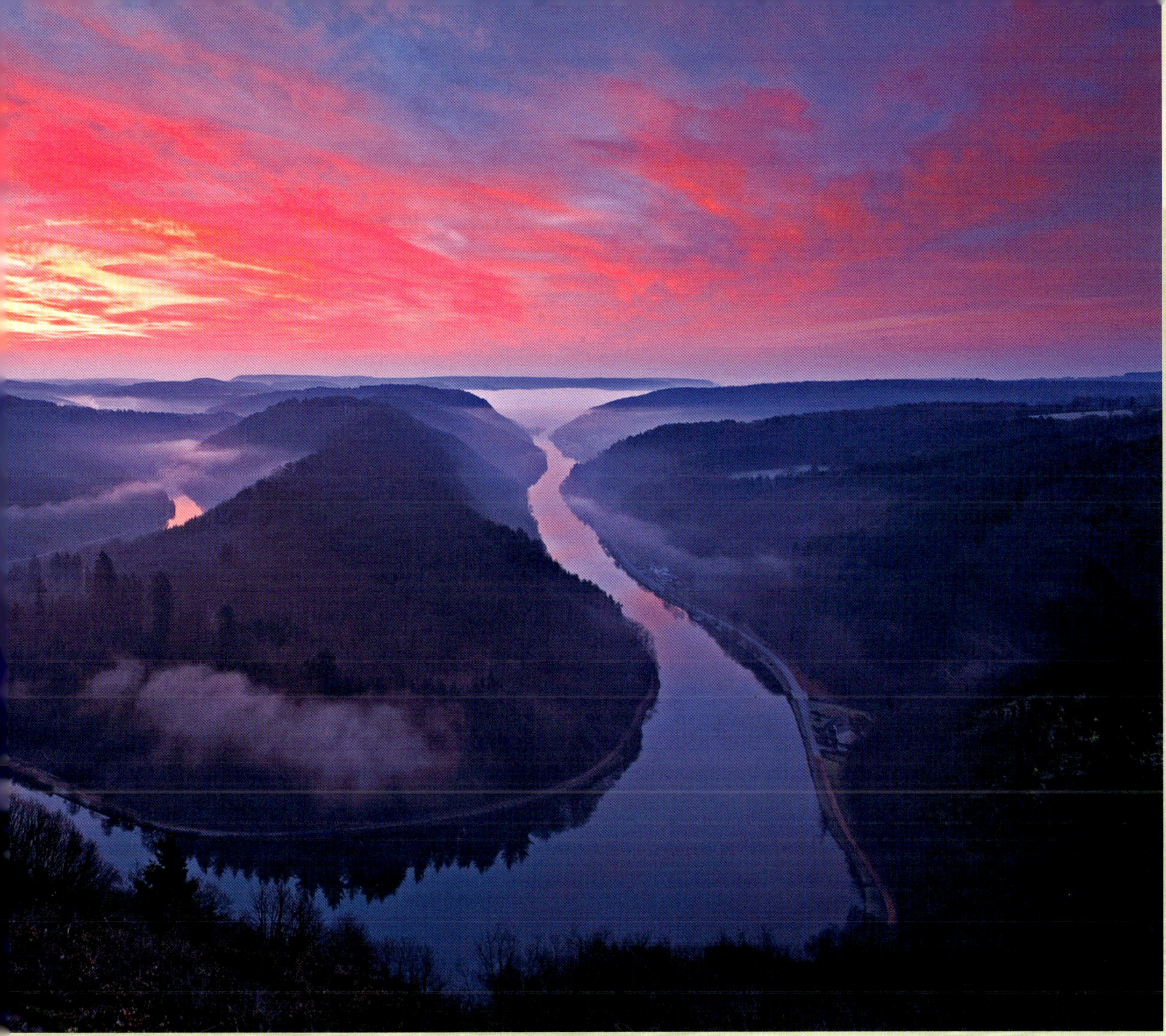

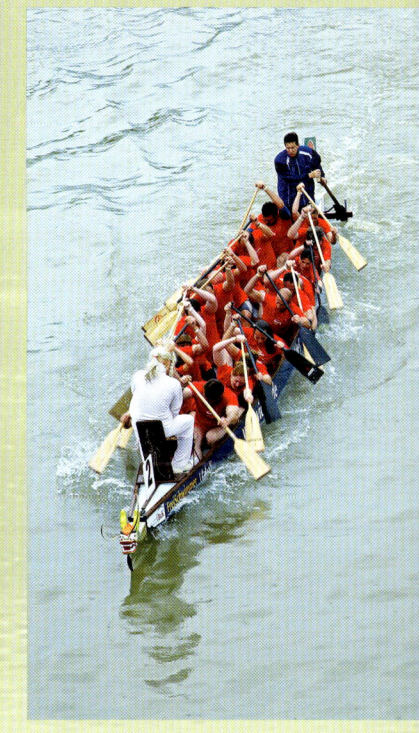

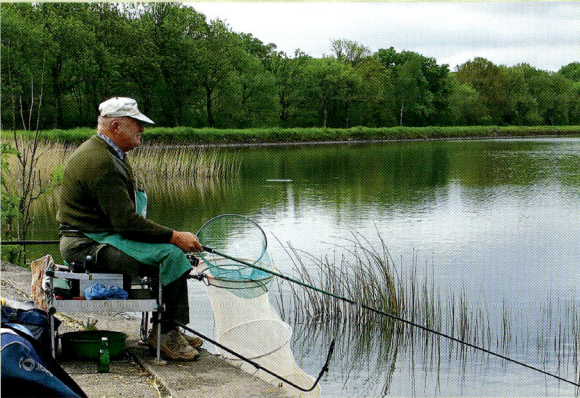

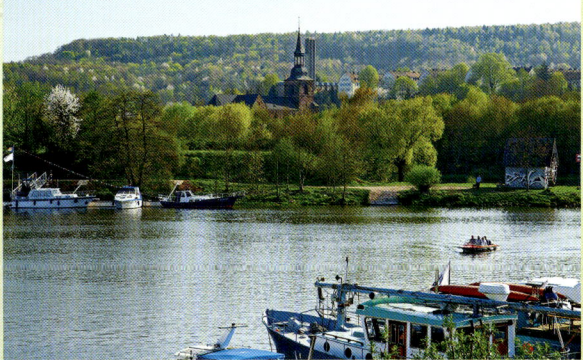

musste sie erst einmal schauen, wo die Stadt eigentlich liegt. Und es heißt, sie wäre geblieben, weil es bei ihrem ersten Besuch nicht geregnet habe. Direkt vor dem Staatstheater liegt ein – man kann sagen wetterabhängiges – Schiff vor Anker: die „Piraterie". Geöffnet ist das Musik- und Restaurantschiff mit Biergarten bei schlechtem Wetter nicht – und bei schönem Wetter früher als bei wechselhaftem.

„Piraten" treffen sich zwar hier regelmäßig zum Stammtisch, aber nur diejenigen der gleichnamigen Partei. Andere gab es früher nicht auf der Saar, dafür wurde mit speziellen Schiffen namens „Péniche", die perfekt in die Schleusenkammern passten, Saarkohle nach Frankreich transportiert. Anfangs getreidelt, erhielten sie erst später einen Motor. Eine davon wurde umgebaut und hat ihren Stamm-Liegeplatz an der Alten Brücke in Saarbrücken. Das Theaterschiff „Maria Helena" ist ein Kulturbo(o)tschafter der besonderen Art, denn es ist das einzige seiner Art in Deutschland, das auch auf Tournee geht: bis nach Frankreich, Luxemburg oder an die Untermosel. Im Jahr 2008 wurde es im Rahmen der Initiative „Deutschland – Land der Ideen" zum „Ausgewählten Ort" gekürt.

Oben:
Das Drachenbootrennen in chinesischen Booten ist einer der Höhepunkte des alljährlich stattfindenden „Saarspektakels". Beliebt ist auch das Gaudi-Schlauchboot-Gummitier-Rennen.

Links:
Die neue Anlegestelle für Freizeitschiffe und Hausboote im Osthafen von Saarbrücken ist bei Hobby-Bootsführern sehr beliebt. Von hier bietet sich auch ein schöner Blick auf den Turm der ehemaligen Stiftskirche Sankt Arnual.

Ganz links:
Ein Paradies für Angler ist der Étang de Gondrexange oder Gunderchinger Weiher beim lothringischen Sarrebourg.

Seite 116/117:
Die bekannteste Aussicht auf
die Saarschleife bei Orscholz
bietet sich vom „Cloef". Ein
Wanderweg, die „Traum-
schleife Cloef-Pfad", wurde
nach ihm benannt. Er führt
auf schmalen Wegen und
Pfaden auch zu diesem
Höhepunkt eines Saarland-
Besuches.

Die Saarschleife bei Orscholz
ist ein Durchbruchstal der
Saar durch den Taunus-
quarzit. Hoch über diesem
eindrucksvollen Flusstal liegt
die Ruine der Burg Montclair
(oben). Beliebt ist hier nicht
nur die Burggastronomie.
Die Kinder sind auch immer
begeistert vom Burggespenst,
das hier sein „Unwesen"
treibt.

Rechte Seite:
1878 ließ Edmund von Boch
für sich und seine Familie
das Schloss Ziegelberg in
Mettlach als Wohnhaus
bauen. Zwischenzeitlich
wurde es für das Keramik-
museum von Villeroy & Boch
genutzt und heute beher-
bergt es ein Restaurant, in
dem auch regionale Speisen
und Weine kredenzt werden.

Linke Seite:
Der Alte Turm aus dem 10. Jahrhundert im Park der Alten Abtei von Mettlach gilt als ältestes sakrales Bauwerk des Saarlands und wurde in den letzten Jahren vorbildlich restauriert. Es war kein Geringerer als Karl Friedrich Schinkel, der einst für den Erhalt des Bauwerks plädiert hatte.

Die Alte Abtei in Mettlach beherbergt die „Keravision", das heißt das Keramikmuseum von Villeroy & Boch. Hier wird Keramikkunst ebenso präsentiert wie Gebrauchsgeschirr oder edelstes Porzellan für die festliche Tafel. Doch die Firma ist auch für die „Mettlacher Platten", also Boden- und Wandfliesen, sowie für Sanitärkeramik bekannt.

Von der Expo 2000 in Hannover an die Saar: das keramische Puzzle „Weltkarte des Lebens" von Stefan Szczesny (im Hintergrund) und der efeubewachsene „Erdgeist" von André Heller waren Höhepunkte der Ausstellung. Heute können sie im Park der Alten Abtei in Mettlach bewundert werden.

Ganz links:
1974 schuf der belgische Künstler Joris van der Mijnsbrugge den „Homo Ceramicus Mettlachiensis", den „Mettlacher Keramiker", für den Park der Alten Abtei. Auch wenn diese Figur wie ein Roboter aussieht: Bei den kunstvollen Erzeugnissen von Villeroy & Boch ist immer noch viel Handarbeit im Spiel.

In der Welt zu Hause –

VILLEROY & BOCH

Nicht zuletzt die Fliesen von Villeroy & Boch sind
weltweit berühmt. Eugen Boch fand die Anregung
zur Fertigung von dekorativem und bezahlbarem
Wand- und Bodenbelag im Norden des Saarlands:
Das Römer-Mosaik in Nennig bei Perl ist eine der
herausragenden Sehenswürdigkeiten des Landes.
Im Kölner Dom oder im Kloster auf dem Berg
Sion kann man immer noch Mettlacher Fliesen
bewundern – ein anderer Schatz müsste erst noch
gehoben werden, denn die Titanic ist mit vielen
Tonnen des edlen Materials untergegangen. In
Russland und vielen anderen osteuropäischen
Ländern werden einige Fliesensorten – nach dem
Herstellungsort – immer noch „Mettlachski Plit-
ki" oder einfach „Mettlachi" genannt. Wie sehr sie
geschätzt wurden, zeigt sich am besten am
Deutschland-Besuch von Zar Nikolaus II. im Jahr
1899. Er wollte offensichtlich nicht auf frische
russische Milch verzichten. Deshalb wurde in einem der elf Waggons seines Hofzuges ein Stall für
zwei Milchkühe eingerichtet, mit weiß-blauen
Mettlacher Platten auf dem Fußboden und an den
Wänden.

Mit über einem Vierteljahrtausend Firmengeschichte ist Villeroy & Boch das älteste noch be-
stehende deutsche Industrieunternehmen – weltweit gilt es mit seinen vielfältigen Produkten als
Garant für Qualität und Innovation gleichermaßen. Doch die Firma ist nicht nur für die Kunden,
sondern auch für die Mitarbeiter ein Vorreiter. Man
kann davon ausgehen, dass sich Bismarck bei der
Einführung der Sozialversicherung gegen Ende
des 19. Jahrhunderts an den Statuten der bereits
seit vielen Jahrzehnten bestehenden Antonius-
Bruderschaft orientiert hat, die von Pierre-Joseph
Boch – ohne ein Vorbild zu haben – ins Leben ge-
rufen worden war; dazu zählte neben einer Kran-

ken-, Unfall- und Invaliditätsversicherung auch eine Pensionskasse, zu der die Mitglieder und das Unternehmen Beiträge zahlten.

Vom guten Ton

Nicht nur Kaiser und Könige zähl(t)en zur erlauchten Kundschaft, auch Päpste: Der wohl berühmteste Ruheständler der Welt, Benedikt XVI., gehört dazu, wie seine Vorgänger und wohl auch bald sein Nachfolger, Franziskus. Joseph Ratzinger erwarb ein 224-teiliges Service mit seinem persönlichen Wappen. In diesen Kreisen zählt es allerdings nicht zum „guten Ton", die Teller umzudrehen, um nach dem Fabrikat zu schauen.

Ein Querschnitt der Tisch- und Badkultur, vom Nachttopf für den „Märchenkönig" Ludwig II. von Bayern bis hin zum ultramodernen Badezimmer, wird im Mettlacher Firmensitz, einem ehemaligen barocken Klostergebäude, gezeigt. Villeroy & Boch stellt nicht nur künstlerisch anspruchsvolle oder gar von berühmten Designern wie Wolfgang Joop, Paloma Picasso oder Kenzo entworfene Keramiken und Porzellane her, Mitglieder der Familie sind schon seit langem als Mäzene der – zuweilen auch verkannten – Kunst bekannt. Als 1889 Vincent van Gogh Bilder zum Brüsseler „Salon" einer avantgardistischen Künstlervereinigung schickte, hagelte es Kritik; ein damals renommierter Maler zog seine eigenen Bilder zurück, da er sie nicht „neben dem abscheulichen Topf Sonnenblumen des M. Vincent oder irgendeines anderen Aufwieglers zeigen" wollte. Anna Boch erwarb eines der Werke van Goghs und später ein zweites; es gehört also in den Bereich der Legenden, van Gogh habe Zeit seines Lebens nur ein einziges Bild verkauft.

Oben:
Zeit für eine Pause im Museumscafé des Erlebniszentrums von Villeroy & Boch in Mettlach. Es ist der – seinerzeit von Villeroy & Boch eingerichteten – weltberühmten Pfunds Molkerei in Dresden nachempfunden.

Oben links:
Diese Wandteller stammen aus der Zeit der vorletzten Jahrhundertwende. Der elsässische Porzellanbildhauer Johann Baptist Stahl (1869–1932) arbeitete bei Villeroy & Boch und erfand das Phanolith: Es wird auch „durchscheinender Stein" genannt, da die weißen Figurenreliefs den blauen oder grünlichen Porzellanuntergrund durchscheinen lassen.

Links:
Feinste Malereien zieren ein edles Tafelservice von Villeroy & Boch. Die dazu passenden Leinenservietten dürfen bei einer festlich gedeckten Tafel ebenso wenig fehlen wie silberne Serviettenringe oder Kristallgläser.

123

Oben:
Das Gästehaus der Firma Villeroy & Boch in Mettlach, das Schloss Saareck, steht auch als Hotel zur Verfügung. Hier kann man im Anna-von-Boch-Salon mit Gemälden der Impressionistin dinieren oder einen Aperitif im japanischen Wintergarten einnehmen, in dem Gemälde des Künstlers und Mäzens Eugène Boch zu sehen sind.

Rechts:
Louis Henri Fulbert de Galhau hatte keine männlichen Nachkommen. Er vermachte Eugen Boch das Gut Linslerhof unter der Auflage, seinen Namen weiterzuführen. Diese Namens- und Wappens- vereinigung der Familien von Boch und de Galhau im Jahr 1907 kommt im Wappen am Schloss Saareck in Mettlach bildlich zum Ausdruck.

Ganz links:
In Mettlach erinnert im Park der Alten Abtei eine Büste an Eugen von Boch (1809–1898), der einst in vierter Generation Leiter des Familienunternehmens Villeroy & Boch war. Auf ihn geht die Gründung der Keramik-Sammlung zurück.

Links:
Anlässlich der Goldenen Hochzeit von Eugen und Octavie von Boch wurde in Mettlach ein Gedenkstein enthüllt, der an das erfolgreiche Unternehmer-Ehepaar erinnert.

Unten:
Ebenfalls im Park der Alten Abtei findet man die Kapelle St. Joseph. Sie wurde 1868 in Wallerfangen errichtet. Familie von Boch ließ sie 1879 nach Mettlach verschiffen und hier über der neu geschaffenen Familiengruft wieder aufbauen.

Seite 126/127:
Im 18. Jahrhundert errichtete
der aus Sachsen stammende
Baumeister Christian Kretzschmar das Barockgebäude
der ehemaligen Benediktinerabtei in Mettlach direkt an
der Saar. Das 1809 von Jean-
François Boch erworbene
Anwesen beherbergt seit
1842 die Hauptverwaltung
der Firma Villeroy & Boch.

Rechts:
Der ehemalige Abteihof von
Besseringen ist heute ein
Gasthaus. Besseringen ist einer
von 17 Stadtteilen von Merzig.
Jedes Jahr feiert der Ort sein
„Linsenfest", das aus der
Tradition des Linsenanbaus
hervorgegangen ist.

Unten:
Die Familie Marx-Staadt
aus Trier ließ 1772 in der
Merziger Poststraße von
dem bekannten Architekten
Christian Kretzschmar dieses
barocke Wohnhaus errichten.

Oben:
Merzig ist einer der ältesten Orte des Saarlands und gelangte Ende des 9. Jahrhunderts in den Besitz der Trierer Erzbischöfe. Die Klosterkirche St. Peter wurde 1152 als ein Augustinerchorherrenstift bezeugt. Nach der Umwandlung 1182 in ein Prämonstratenserpriorat erfolgte der Neubau der Klosterkirche, der im Wesentlichen dem heute noch bestehenden Bau entspricht.

Links:
Das „Halfenhaus" in Merzig war früher eine Hafenkneipe und erinnert immer noch an die einst blühende Binnenschifffahrt auf der Saar. Errichtet wurde es von dem bekannten Barockbaumeister Christian Kretzschmar.

Oben und rechts:
Im Wolfspark von Werner Freund in Merzig leben neben europäischen, kanadischen und sibirischen Wölfen auch Polarwölfe. „Wolf unter Wölfen": Das ist nicht nur der Titel eines Buches von Werner Freund, so lebt er auch in den Rudeln.

Ganz rechts:
Die heute „grüne" Grenze zwischen Büdingen und Wellingen im Saarland sowie Launstroff und Scheuerwald in Lothringen, also zwischen Deutschland und Frankreich, hat nicht nur Grenzsteine aus dem 19. Jahrhundert aufzuweisen. Hier ist auch die moderne Kunst zu Hause.

Obstblüte bei Wellingen.
Der Ort ist zwar von der
Einwohnerzahl her der
kleinste der 17 Merziger
Stadtteile. Doch hier blüht
das Obst besonders schön
und das ist wichtig für
das Viez-Fest. Viez ist ein
meist stark säurehaltiger
Apfel- oder Birnenwein.

Links:
„Steine an der Grenze"
zwischen Frankreich und
Deutschland schufen zum
Beispiel 2005 Moshe Shek
aus Israel und der Palästi-
nenser Ahmad Canaan.

Unten:
Graf Anton von Öttingen-Soetern ließ 1760 am Fuß der ehemaligen Burg Dagstuhl das gleichnamige barocke Schloss in Wadern errichten. Das „Leibniz-Zentrum für Informatik" hat hier seinen Sitz. Informatiker aus aller Herren Länder fühlen sich geehrt, wenn sie eine Einladung zu einem Seminar in der Abgeschiedenheit des kleinen Dorfes im Saarländer Hochwald bekommen.

Rechts oben:
Im Barockschloss Münchweiler lässt es sich gut speisen, denn hier befinden sich ein Hotel und ein Café. Das Schloss, bei Wadern-Nunkirchen gelegen, wurde 1752 fertig gestellt und ist mittlerweile in der achten Generation in Familienbesitz.

Rechts Mitte:
Hier müssen bedeutende Personen bestattet worden sein: Diese gallo-römischen Grabhügel stammen aus dem 2. Jahrhundert n. Chr. und wurden in Oberlöstern bei Wadern entdeckt und rekonstruiert.

Rechts unten:
Im Rahmen des Projekts „Gärten ohne Grenzen" im Dreiländereck Saarland-Lothringen-Luxemburg gibt es nicht nur historisch restaurierte Gärten verschiedener Epochen, sondern auch Themengärten. Zu diesen gehört auch der Garten von Schloss Dagstuhl.

133

Die Primstalsperre bei Nonnweiler ist ein Trinkwasserreservoir und mit etwa 20 Millionen Kubikmetern der größte Wasserspeicher im Saarland und in Rheinland-Pfalz. Auf einem Rundweg wurde ein Planetenwanderweg angelegt, bei dem unser Sonnensystem im Maßstab von eins zu einer Milliarde abgebildet ist.

Der keltische Ringwall von Otzenhausen, unweit der Primstalsperre, stammt vermutlich aus den 70er-Jahren v. Chr. Er wird im Volksmund „Hunnenring" genannt, obwohl er mit den Hunnen nichts zu tun hat. Die Bezeichnung könnte vom alten Begriff „Hunnich" für König stammen oder wegen der Größe der Anlage ist auch ein sprachlicher Zusammenhang mit „Hünen" denkbar.

Rechte Seite:
Die nördlichste Gemeinde des Saarlands, Nonnweiler, kann mit dem „Hochwalddom" aufwarten. In dieser neo-spätgotischen Pfarrkirche St. Hubertus wird der „Hubertusschlüssel" aus dem 12. Jahrhundert aufbewahrt. Hierbei handelt es sich um ein Brenneisen zum Ausbrennen von Bisswunden durch tollwütige Tiere, das bis zum kirchlichen Verbot 1828 zum Einsatz kam.

Tafeltouren und Traumschleifen –
WANDERN AUF SAARLÄNDISCH

Manuel Andrack, der deutsche „Wanderpapst", wohnt als Wahl-Saarländer in Saarbrücken – kein Wunder, da das Saarland ein wahres Wanderparadies ist. Und die saarländischen Genussmenschen verbinden natürlich das Gehen mit dem Tafeln: bei den „Tafeltouren". Das sind ausgewählte Wanderwege, an deren Streckenverlauf es Einkehrmöglichkeiten gibt: vom einfachen Gasthaus à la Almhütte bis hin zum sternebekrönten Restaurant. Letzteres ist in diesem Zusammenhang natürlich schon eine kleine Herausforderung, denn Wanderklamotten passen nicht per se zu Damasttischdecken, Kristallglas und edlem Porzellan, womöglich von Villeroy & Boch ...

Oben:
Wanderwegkreuzung: Von St. Wendel bis zum Bostalsee führt zum Beispiel die „Straße der Skulpturen". Die Idee dazu hatte der St. Wendeler Bildhauer Leo Kornbrust, der sie dem deutsch-jüdischen Bildhauer und Maler Otto Freundlich widmete.

Oben rechts:
Erst seit 2007 gibt es den Saar-Hunsrück-Steig und doch wurde er bereits zum am besten bewerteten Fernwanderweg Deutschlands gekürt. Kein Wunder, schließlich verlaufen die 218 Kilometer von Perl an der Mosel über die Saarschleife bei Mettlach bis Idar-Oberstein zum allergrößten Teil auf Naturwegen.

Rechts:
Ganz schön steil geht's hinauf, auf den „Hunnenring". Diese mächtige keltische Befestigungsanlage findet sich bei Otzenhausen, einem Ortsteil von Nonnweiler, und nahe der Primstalsperre.

Einer dieser Wege nennt sich „Saarschleife Tafeltour". Man kommt dabei also zum bekanntesten „Naturschauspiel" des Saarlands – und der Weg hat es in sich. Er gilt als „schwer" und auf seiner Länge von 15 Kilometern sind 500 Höhenmeter zu überwinden. Da kann man schon ins Keuchen kommen – und das nicht nur beim Wandern durch Keuchingen, das zu Mettlach gehört. Doch zwischendurch oder zum Schluss bieten sich verschiedene Einkehrmöglichkeiten an wie das „Fährhaus Saarschleife", die Burg Montclair oder das Mettlacher Abtei-Bräu.

Wer rings um die Saarschleife wandern möchte und es dabei etwas gemütlicher haben will, dem sei die „Traumschleife Cloefpfad" empfohlen. Dieser Rundwanderweg mit mittlerem Schwierigkeitsgrad ist nur halb so lang, es sind nur 300 Höhenmeter zu bezwingen und trotzdem versprechen viele schmale Wege und Pfade ein abwechslungsreiches Wandererlebnis. Die Aussicht auf die Saarschleife ist auch hier grandios – und die Aussicht auf eine Einkehr verlockend.

Oben:
Auch solche verträumten und idyllischen Fleckchen gibt es an den saarländischen Wanderwegen.

Links:
Ob die beiden wohl auf einer „Tafeltour" unterwegs sind? Diese gute Idee, einen Wanderweg mit einer Einkehrmöglichkeit zu verbinden, kann seine Wurzeln (fast) nur im Saarland haben: „Hauptsach gudd gess."

Großes Bild Mitte:
Der keltische Ringwall von Otzenhausen im Norden des Saarlands kann auch mit Stationen für Spiel und Spaß aufwarten. Außerdem führt ein mehrsprachig beschilderter Archäologischer Infoweg zu den interessantesten Örtlichkeiten der ehemaligen Befestigung.

mal ein „Schimmel ohne Kopf" die Viehhirten in Angst und Schrecken versetzt haben und um die Berge des Litermontmassivs ranken sich zahlreiche Sagen, die unter anderem vom Wilden Jäger Maldix erzählen.

Hartfüßlerweg und Schmugglerpfad

Ein Teil der saarländischen Traumschleifen sind „Anhängsel" des Saar-Hunsrück-Steigs, der vom saarländischen Perl an der Mosel – mit Abzweig nach Trier – in den rheinland-pfälzischen Hunsrück und bis zur Edelstein-Metropole Idar-Oberstein führt. Über diesen Fernwanderweg nebst seinen Schleifen sind bereits drei Bücher unter dem Oberbegriff „Schöneres Wandern" erschienen.

Neben einem Schmuggler-Pfad bei Gehweiler, an der ehemaligen Grenze zwischen dem Herzogtum Pfalz-Zweibrücken und dem Erzbistum Trier, dürfen natürlich auch Jakobswege nicht fehlen. Bei der „Traumschleife Litermont Sagenweg" soll ein-

Der „Hartfüßlerweg" führt auf schon ewig bestehenden Wegen auf den Spuren der Bergleute entlang, die früher täglich zu Fuß – oft über weite Strecken – zur Arbeit gingen. Bei den geführten Wanderungen werden selbstverständlich auch solche kulinarischer Art angeboten, bei denen Pilze oder Wildkräuter gesammelt werden oder bei denen man Wissenswertes über Streuobstwiesen erfährt. Das Saarland ist also reich an Premiumwanderwegen, wobei der „Panoramaweg Perl" als einer der wenigen seiner Art grenzüberschreitend von Deutschland nach Frankreich führt. Immer wieder laden „Waldsofas" oder „Sinnesbänke" zum Verweilen ein – ein besonderes Modell davon, im Stil einer Hollywoodschaukel, findet man bei der Traumschleife „Zwei-Täler-Weg", der das Hölzbach- mit dem Holzbachtal verbindet.

Seite 138/139:
Zur Kirschblüte bietet sich dieser schöne Blick vom Schaumberg Richtung Freisener Höhe mit Selbach (links im Bild) und Neunkirchen/Nahe. Der Schaumberg ragt weithin sichtbar aus einer flachen Landschaft hervor und eignet sich deshalb, inklusive seines Turms, sehr gut als Aussichtsberg.

Der Bostalsee bei Nohfelden im Naturpark Saar-Hunsrück ist ein Paradies für Freizeitkapitäne aller Couleur. Doch hier sind Segeln oder Surfen nur zwei von verschiedenen Möglichkeiten, sich sportlich zu betätigen. Um den See herum führen ein Rad- sowie ein Wanderweg, so dass auch „Landratten" nicht zu kurz kommen müssen.

Ganz links:
Das zentrale Mithras-Motiv der Stiertötung, flankiert von den Fackelträgern Cautes mit der Fackel nach oben und Cautopates mit der Fackel nach unten, ist nur noch rudimentär erkennbar.

Links:
Das dem Sonnen- und Lichtgott geweihte Heiligtum Mithräum bei Schwarzerden liegt genau genommen auf rheinland-pfälzischem Gebiet. Den Zugangsweg gestaltete jedoch die saarländische Gemeinde Freisen.

Unten:
Wahrzeichen des knapp 800 Seelen zählenden Dorfes Selbach ist die Katharinen-Kapelle. In diesem Gotteshaus in der Dorfmitte befindet sich eine der ältesten Glocken des Bistums Trier, die 1509 gegossen wurde.

Linke Seite:
Die Wendalinusbasilika, auch Wendelsdom genannt, ist eine spätgotische Hallenkirche aus dem 14. Jahrhundert in St. Wendel, die mit ihren Gewölbemalereien zu den herausragenden Sakralbauten des Saarlands zählt. Sie birgt das Grabmal des Heiligen Wendelin. Alle zehn Jahre gibt es eine große Wallfahrt mit Zurschaustellung der Gebeine des Heiligen.

In der Umgebung des Wendeldoms in St. Wendel sind noch Spuren der einst mittelalterlichen Stadt zu sehen. Obwohl in den 1960er-Jahren noch viel historische Bausubstanz vorhanden war, fielen bis zu Beginn der 1980er-Jahre viele Gebäude der „Flächensanierung" zum Opfer.

Früher gab es beim Gasthaus „Zum Ochsen" in St. Wendel auch eine Metzgerei, woran die blutrote Decke zu erinnern scheint. Hier hängt auch das Konterfei von Gerd Dudenhöffer großformatig an der Wand, der als „Heinz Becker" mit seinem saarländischen Platt die ganze Nation zum Schmunzeln und Lachen bringt.

Oben:
Bei St. Wendel findet man eine der Niederlassungen der Steyler Missionare. Diese römisch-katholische Ordensgemeinschaft nennt sich offiziell „Gesellschaft des Göttlichen Wortes" und wurde nach ihrem Gründungsort Steyl, heute ein Stadtteil von Venlo in den Niederlanden, benannt.

Rechts und ganz rechts:
Im St. Wendeler Land kann man unter blühenden Kirschbäumen auch auf den Spuren moderner Kunst wandeln: Auf der „Straße der Skulpturen" warten 57 Kunstwerke von 51 Künstlern aus zwölf Ländern darauf, entdeckt zu werden.

Oben:
Die Johann-Adams-Mühle bei Tholey bietet sich für eine kulinarische Einkehr an. Das Fachwerkhaus aus dem Jahr 1735 wurde bereits 1589 erstmals schriftlich erwähnt und stellt eine der letzten Mühlen des Saarlands dar.

Ganz links:
Wer sich auf den „Gemeinde-Rundwanderweg" macht, findet in der Nähe der Johann-Adams-Mühle auch ein altes Wegkreuz.

Links:
Auch bei Theley, dem größeren Ortsteil von Tholey, hat die Windenergie Einzug gehalten. Schließlich sind wir hier am und im Hochwald, wo der Wind beständig weht. In Theley entspringt der Bach Theel, der nach 25 Kilometern in die Prims mündet.

Oben:
Der Blick auf Tholey und das dortige Benediktinerkloster St. Mauritius ist zur Zeit der Kirschblüte besonders malerisch. Die Mönche wirken heute in der Seelsorge und betreiben die Gastwirtschaft sowie das Gästehaus.

Rechts:
Als ältestes Kloster Deutschlands gilt die heutige Benediktinerabtei St. Mauritius in Tholey im Norden des Saarlands. Im ältesten Vorgängerbau, einst auf den Resten einer römischen Bäderanlage errichtet, hatte sich hier bereits im 5. Jahrhundert eine Klerikergemeinschaft zusammengefunden.

Links:
Blick von Sotzweiler-
Bergweiler auf Dörsdorf:
Das Dorf ist der höchstge-
legene Ortsteil von Lebach.
Erstmals schriftlich erwähnt
wurde es im 13. Jahrhundert.
Die Einheimischen leben
gerne in „Däächderch", was
sich nicht zuletzt am regen
Vereinsleben zeigt.

Unten:
Thalexweiler (vorne im Bild)
und Steinbach sind ebenfalls
Stadtteile von Lebach.
Während die Kirche
St. Albanus in Thalexweiler
im Wesentlichen von 1784
und damit aus der Barock-
zeit stammt, kann St. Aloysius
in Steinbach auf gut hundert
Jahre seit der Grundstein-
legung zurückblicken.

2002 wurde nach Plänen des Münchner Architekten Alexander Freiherr von Branca (1919–2011) die „Statio Dominus mundi" in Wustweiler errichtet. Der saarländische Unternehmer Edmund Meiser ließ sich dieses moderne Gotteshaus auf seinem Privatgelände errichten. Von demselben Architekten stammen auch die Neue Pinakothek und U-Bahnhöfe in München sowie verschiedene Kirchenbauten.

Dirmingen liegt idyllisch im Wiesengrund und ist ein Ortsteil von Eppelborn. Im Hauptort findet man in der ehemaligen Mädchenberufsschule das Museum Jean Lurçat (1892–1966). Gezeigt wird ein beeindruckender Querschnitt durch das Schaffen des französischen Malers, Keramikers und Bildwirkers, der unter anderem für seine überdimensionalen Tapisserien bekannt ist.

Rechte Seite:
Außen ist die „Statio Dominus mundi" in Wustweiler umkleidet von hellbraunem Sandstein und bekrönt von einem schmiedeeisernen handvergoldeten Kreuz. Innen gehen die modernen klaren Formen der Architektur einen Dialog ein mit religiöser Tafelmalerei und wertvollen Ikonen. Das Ehepaar Edmund und Ursula Meiser hat diese Kunstwerke in vielen Jahren zusammengetragen.

Unten:
Der Alte Turm ragt mitten in der historischen Altstadt von Ottweiler fünfzig Meter empor. Erbaut wurde er zu Beginn des 15. Jahrhunderts.

Rechts oben:
Vom Alten Turm bietet sich nicht nur eine schöne Aussicht – der ehemalige Bergfried birgt auch die älteste vollständig erhaltene Dachkonstruktion des Mittelalters im Saarland.

Rechts Mitte:
1759 ließ Fürst Wilhelm Heinrich von Nassau-Saarbrücken für seine Gemahlin Sophie Erdmuthe von Friedrich Joachim Stengel ein barockes Witwenpalais in Ottweiler – heute als Landratsamt genutzt – errichten.

Rechts unten:
Auch einen „Pavillon" als barockes Jagd- und Lust-schlösschen, der heute mitten im herrlichen barocken

Rosengarten liegt, gab der bau-freudige Fürst Wilhelm Heinrich von Nassau-Saarbrücken in Auftrag.

Oben:
Neunkirchen, die zweitgrößte Stadt des Saarlands, hat etwas Besonderes zu bieten: das „AHA", das Alte Hüttenareal. Es mutierte von der Industriebrache zum Erholungspark mit vielen Grünflächen. Der frühere Wasserturm ist jetzt ein Gastronomie- und Kinozentrum.

Rechts:
Die achteckige ehemalige Stummsche Reithalle in Neunkirchen wurde zunächst als Reitbahn für die Kinder von Carl Friedrich Stumm (1798–1848) genutzt. Heute finden hier verschiedene Veranstaltungen wie Theateraufführungen oder Konzerte statt.

Oben:
Der Name Neunkirchens stammt nicht etwa von neun Kirchen, er erklärt sich aus der Bezeichnung „Zur neuen Kirche". Und der Zusatz (Saar) verweist nicht auf die Lage am Fluss, sondern auf das Saarland, denn Neunkirchen liegt an der Blies.

Ganz links:
Natürlich darf in Neunkirchen ein Denkmal nicht fehlen, das an Carl Ferdinand von Stumm-Halberg (1836–1901) erinnert. Sein bestimmender Einfluss auf die Wirtschafts- und Sozialpolitik Kaiser Wilhelms II. in den 1890er-Jahren führte dazu, dass in Berlin von der „Ära Stumm" gesprochen wurde.

Links:
Blick auf das Alte Hüttenareal von Neunkirchen. 1982 wurde das ehemalige Eisenwerk stillgelegt, 1993 bereits erste Teile des Erholungsparks eröffnet.

REGISTER

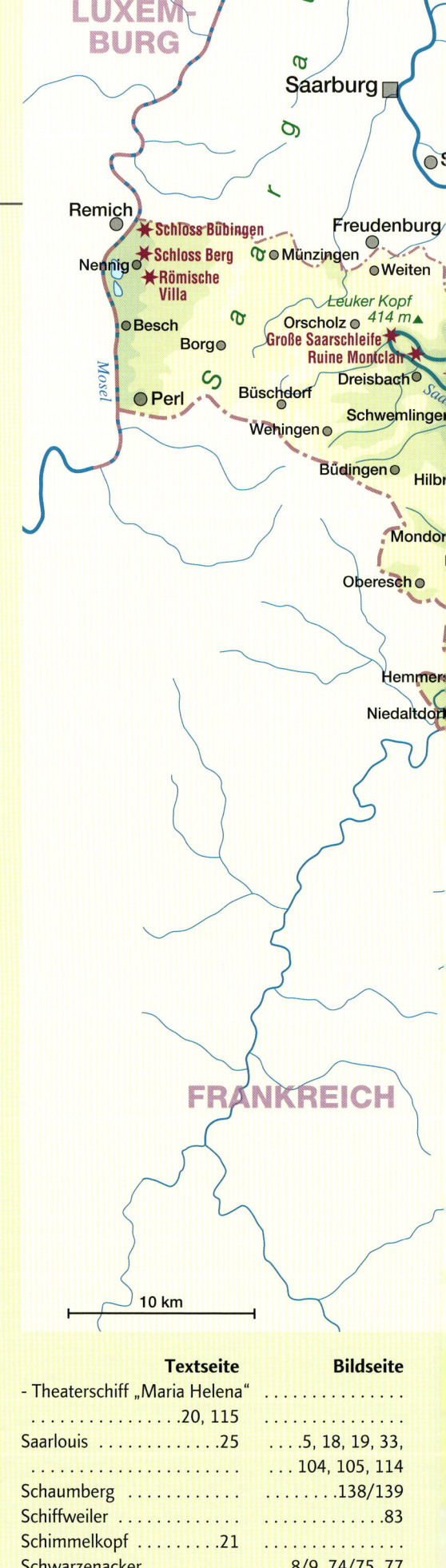

IMPRESSUM

Buchgestaltung
SILBERWALD
Agentur für visuelle Kommunikation, Würzburg
www.silberwald.biz

Karte
Fischer Kartografie, Aichach

Bildnachweis
Alle Bilder von Brigitte Merz mit
Ausnahme folgender:
S. 136 oben Mitte, S. 137 rechts oben und
rechts Mitte: Projektbüro Saar-Hunsrück-Steig –
www.saar-hunsrueck-steig.de

Printed in Germany
Repro: Artilitho snc, Lavis-Trento, Italien
www.artilitho.com
Druck/Verarbeitung:
Offizin Andersen Nexö, Leipzig

© 2014 Verlagshaus Würzburg GmbH & Co. KG
© Fotos: Brigitte Merz
© Texte: Michael Kühler

ISBN 978-3-8003-4447-5

Unser gesamtes Programm finden Sie unter:
www.verlagshaus.com

Seit 2006 werden in Deutschland Zwei-Euro-Münzen mit jährlich wechselnden Rückseiten ausgegeben, auf denen Motive aus den deutschen Bundesländern zu sehen sind. Das Saarland war mit der Ludwigskirche in Saarbrücken als viertes Bundesland 2009 an der Reihe, da es in diesem Jahr die Bundesratspräsidentschaft innehatte. Rechts von der Kirche sind die Initialen „FB" zu sehen, die für den Designer der Münze, Friedrich Brenner, stehen.